U0117219

教育会输给技术吗？

Is Education Losing the Race with Technology?

人工智能在阅读和数学中的进展

AI's Progress in Maths and Reading

经济合作与发展组织 编

杜海紫 译　窦卫霖 审校

上海教育出版社
SHANGHAI EDUCATIONAL
PUBLISHING HOUSE

经济合作与发展组织

经济合作与发展组织(Organisation for Economic Co-operation and Development, 简称OECD)是各国政府合作商讨应对经济、社会和环境全球化挑战的特别组织。OECD还是促进各国相互理解,帮助各国政府应对新局势、新问题的前线力量,例如企业管治、信息经济以及人口老龄化的挑战。该组织提供了一个平台,让各国政府能够相互比较政策经验,寻求共同问题的答案,共同确定良好实践,以及致力于协调国内和国际政策。

OECD成员国包括澳大利亚、奥地利、比利时、加拿大、智利、哥伦比亚、哥斯达黎加、捷克共和国、丹麦、爱沙尼亚、芬兰、法国、德国、希腊、匈牙利、冰岛、爱尔兰、以色列、意大利、日本、拉脱维亚、立陶宛、韩国、卢森堡、墨西哥、荷兰、新西兰、挪威、波兰、葡萄牙、斯洛伐克共和国、斯洛文尼亚、西班牙、瑞典、瑞士、土耳其、英国和美国。欧盟委员会参与OECD的工作。

OECD的出版物广泛传播该组织收集的统计数据,内容涉及经济、社会和环境问题的研究结果,以及其成员国达成一致的协议、指导方针和标准。

序　言

当人工智能超越人类后，
教育怎么办？

经济合作与发展组织（OECD）一直高度关注技术进步对促进教育发展的作用，近年来更加聚焦于人工智能给教育带来的影响。本报告是OECD关于人工智能对教育影响的最新研究成果。人工智能的发展如火如荼，在生产和社会生活的很多方面引发了革命性变革。那么，人工智能对教育的影响到底怎样？将会怎么样呢？这份报告以人工智能在阅读和数学方面的进展为例，通过实证研究，总结了截至2022年全世界智能教育的最新进展和引发的教育变革。本报告篇幅不大，但信息量很大，对从事智能教育的研究人员来说，启发尤大。以我之见，本报告的价值和启示体现在以下四个方面。

其一，反映了智能教育的最新进展及其在阅读和数学方面的进步。

报告显示，相较于2016年，2021年人工智能在"国际成人能力测评项目"读写测试中的预期成功率提高了25个百分点，人工智能的读写能力超过90%的成人。这反映了自然语言处理（NLP）在这一时期取得了技术突破，而这得益于诸如生成式预训练转换器（GPT）等预训练语言模型的引入。尽管人工智能的数学问题解决能力发展得不如读写能力快，但人工智能的计算能力也可以超过57%～88%的成人。专家们预测，到2026年，人工智能将可能完成"国际成人能力测评项目"中的所有读写和计算测试。

由于人工智能在读写和计算方面具备超越大部分人的潜力，因此它对人类就业和教育影响重大。在这些技能领域，未来劳动者可能会面临来自机器日益激烈的竞争。这不但凸显了提高劳动力基础技能的必要性，而且强调了为劳动力在关键领域与人工智能合作做好准备的重要性，也就是说，人机协同能力将成为人的社会胜任力的关键能力。

其二，介绍了研究智能教育进展的方法。

那么，人工智能对读写和计算能力的掌握情况是怎样研究出来的？怎样判断人工智能的能力水平及其在教育上的表现呢？

报告详细介绍了其研究方法。研究是以"国际成人能力测评项目"中的读写和计算测试为参照，邀请计算机科学方面的专家评估人工智能回答这些问题的能力，通过观察大多数专家对每个问题的意见，确定人工智能在这些测试中可能的表现。专家们在每一个问题上都会被问及对人工智能执行任务的信心。反馈选项包括"不，人工智能不能完成""可能""是，人工智能可以完成"以及"不知道"四个选项。大多数专家认为人工智能可以解决读写问题的比例，从2016年的55%提高到2021年的80%。

其三，预测了近期智能教育的发展趋势。

根据专家的预测，到2026年，人工智能将可能完成"国际成人能力测评项目"中的所有读写和计算测试，可能在读写和计算方面击败大部分人。70%的劳动者每天都在工作中运用读写能力，如果这些劳动者的读写熟练程度相当于或低于计算机，那人工智能能力的发展就会对他们产生影响。综合来看，人工智能可能会影响59%的劳动力所从事的与读写相关的工作任务。

其四，提出了随着智能教育的进一步发展，教育改进的方向。

报告指出，当人工智能能力优于人类的读写和计算能力，教育的重点可能需要转变为更加侧重教授学生如何使用人工智能系统，以更有效地执行读写和计算任务。报告认为，有三种难以自动化的工作任务：感知和操作任务，如在非结构化环境中导航；创造性智能任务，如创作音乐；社交智能任务，如谈判和说服。有研究者研究了这些"瓶颈"任务与专家对70种职业的自动化能力评级之间的关系，并运用这些关系来预测600多种职业自动化的概率。

本报告的结论是，未来教育的重点不在计算机素养的培养上，而在信息时代需要的认知技能的教授上。例如：定位和评估互联网上的信息是否可靠，以确保其质量和可信度；使用电子表格、统计软件包或操作计算机管理个人财务等。这对教育将来需要加强什么、淡化什么、改进什么，提供了很有价值的启示。

我国的人工智能教育和智能教育研究都走在世界的前列，这是我们开辟新赛道、发挥新优势，建设教育强国的重要领域和重要途径。同时，及时了解世界智能教育的进展，把握智能教育研究的最新趋势，无疑具有不可替代的意义。

华东师范大学终身教授

上海智能教育研究院名誉院长

袁振国

2023年7月16日

前　言

近年来，人工智能（artificial intelligence，简称AI）发展迅速，给各行各业带来了重大变革。随着人工智能不断演进，了解这项技术能做什么、不能做什么，变得愈发重要。经济合作与发展组织（Organisation for Economic Co-operation and Development，简称OECD）认识到，有必要系统地测评人工智能在掌握人类技能方面的能力，特别是掌握对人类就业和教育至关重要的技能方面的能力。这样的测评可以帮助政策制定者和教育工作者更好地预测技术变革对劳动力的影响，使个体为应对未来的需求做好准备。

本报告追踪了早期试点研究，测评了最先进的人工智能在阅读和数学方面的能力。阅读和数学是人类能力的两个关键领域，对人们在工作和生活中众多领域的成功意义重大。报告不但展示了随着时间的推移，人工智能在这些领域的能力演变过程，而且显示了与人类的阅读和数学技能相比人工智能的表现情况。对人工智能的测评是基于计算机科学家的评估。

本研究隶属OECD教育研究与创新中心（Centre for Educational Research and Innovation，简称CERI）正在开展的一个综合项目，旨在测评人工智能的能力及其对工作和教育的影响。"人工智能与技能的未来"（the AI and Future of Skills，简称

AIFS）项目旨在开发易于理解、全面周详、可重复使用且对政策具有指导意义的人工智能能力度量。该项目通过使用包括专家评估在内的各种关于人工智能的信息来源，旨在为政策制定者提供决策所需知识，这些知识会影响对面向未来的教育和劳动力市场的塑造。

报告显示，自2016年以来，人工智能在阅读方面的能力有了显著提高，这反映了近年来自然语言处理（natural language processing，简称NLP）领域的进步。人工智能在解决数学问题方面的能力并没有以同样的速度提高，但专家预测，未来几年内，人工智能研究和开发领域的投资将不断增加，这将会推动人工智能在阅读和数学方面取得显著进展。

报告还显示，人工智能在数学和阅读方面具备超越大部分人的潜力。这对人类就业和教育影响重大，因为在这些技能领域，未来的劳动者可能会面临来自机器的日益激烈的竞争。这不但凸显了提高劳动力基础技能的必要性，而且强调了为劳动力在关键领域与人工智能合作做好准备的重要性。

通过提供人工智能在人类两个关键认知技能方面能力改进的示例，本研究强调了定期和系统监测人工智能能力演变的重要性，也阐明了将人工智能的能力与人类技能进行比较的迫切性。这将帮助关注技术进步的政策制定者、教育工作者和研究人员进一步了解技术进步对人类就业和教育未来的影响。

致　谢

本研究由 OECD "人工智能与技能的未来"项目团队负责,成员包括斯图尔特·艾略特(Stuart Elliott)(项目负责人)、诺拉·雷沃伊(Nóra Révai)、玛格丽塔·卡拉莫娃(Margarita Kalamova)、米拉·斯塔涅娃(Mila Staneva)、阿贝尔·巴雷特(Abel Baret)和奥蕾莉娅·马斯基连泰(Aurelija Masiulytė)。其中,米拉·斯塔涅娃负责本书的撰写和出版准备工作,奥蕾莉娅·马斯基连泰和阿贝尔·巴雷特负责本书的排版和装帧工作。

项目得到诸多著名计算机科学专家的大力支持,没有他们的鼎力相助,本书不可能付梓出版。

首先,我们要感谢参与测评的专家(按字母顺序排列):钱德拉·巴加瓦图拉(Chandra Bhagavatula)、安东尼·G.科恩(Anthony G. Cohn)、普拉迪普·达西吉(Pradeep Dasigi)、欧内斯特·戴维斯(Ernest Davis)、肯尼思·D.福伯斯(Kenneth D. Forbus)、亚瑟·C.格雷泽(Arthur C. Graesser)、伊薇特·格雷厄姆(Yvette Graham)、丹尼尔·亨德里克斯(Daniel Hendrycks)、何塞·埃尔南德斯-奥拉略(José Hernández-Orallo)、杰里·R.霍布斯(Jerry R.Hobbs)、阿维夫·克伦(Aviv Keren)、里克·康塞尔-克德济奥斯基(Rik Koncel-Kedziorski)、瓦西里·鲁斯(Vasile Rus)、吉姆·斯波勒(Jim Spohrer)和迈克尔·威特布洛克(Michael Witbrock)。

其次,我们要感谢露西·切克(Lucy Cheke)、查尔斯·法德尔(Charles Fadel)、迈克尔·汉德尔(Michael Handel)、帕特里克·基洛宁(Patrick Kyllonen)、弗兰克·莱维(Frank Levy)和迈克尔·舍恩斯坦(Michael Schoenstein)。感谢他们参与讨论并提供有效的反馈。

此外,我们还要感谢教育研究与创新中心的同事们。中心的主管蒂亚·卢科拉(Tia Loukkola)监督和指导了整个过程,并提出了宝贵建议。教育与技能司(Directorate for Education and Skills, 简称EDU)的弗朗索瓦·凯斯莱尔(Francois Keslair)和马可·帕卡涅拉(Marco Paccagnella)在分析方面做出了重要贡献。教育与技能司的通信团队及公共事务和传播局(Public Affairs and Communications Directorate)的同事们助力了本书的排版和出版工作。

我们也要感谢马克·福斯(Mark Foss),感谢他编辑本书的内容和结构,确保本书连贯易读。

感谢教育研究与创新中心管理委员会(CERI Governing Board)在项目推进中给予的鼓励和支持。

本书是OECD“人工智能与工作、创新、生产力和技能”(Artificial Intelligence in Work, Innovation, Productivity and Skills, 简称AI-WIPS)项目的一部分。该项目为政策制定者提供了新的证据和分析,助力他们及时了解人工智能能力和传播的快速变化,认识这种变化对工作领域的影响。该项目旨在帮助确保人工智能在劳动世界中的使用不但有效,惠及众人,而且能以人为本,被大众接受。“人工智能与工作、创新、生产力和技能”项目得到德国联邦劳工和社会事务部(the German Federal Ministry of Labour and Social Affairs, 简称BMAS)的支持,将为该部门“数字政策实验室、工作与社会”(Policy Lab Digital, Work & Society)中的“德国人工智能气象站”(the German AI Observatory)的观察工作提供有益补充。更多信息请参见OECD“人工智能与工作、创新、生产力和技能”项目网站和https://denkfabrik-bmas.de/。

目　录

正文图目录

正文表格目录

附录图表目录

专栏目录

在本书表格或图的底部查找 *StatLink* ⬛⬛⬛。只需将链接输入互联网浏览器，或从原书数字版本中单击链接，即可下载相应的英文 Excel® 电子表格。

纲　　要

　　人工智能（artificial intelligence，简称AI）的进步正带来巨大且迅速的技术变革。了解人工智能的能力与人类技能之间的关系，认识它们随时间推移的发展变化，对理解这一持续不断的变革过程至关重要。了解人工智能与人类相比可以做什么，有助于预测各种技能在未来孰轻孰重。这一知识库可以帮助政策制定者以最佳的方式改革教育体系，让学生为未来做好准备，并为成年学习者提供更新技能的机会。

　　本报告作为早期试点研究的后续跟进，收集了专家对人工智能在读写能力和计算能力测试中表现的评估，测试源自OECD"国际成人能力测评项目"（Programme for International Assessment of Adult Competencies，简称PIAAC）中的"成人技能调查"（Survey of Adult Skills）。报告展示了2016—2022年人工智能在这些领域的能力发展状况，其中2016年是试点测评开展时间，2022年则与ChatGPT（聊天生成式预训练转换器）的发布密切关联。因为读写和计算与大多数社会情景和工作场景息息相关，所以测评人工智能在读写和计算方面的能力，能反映人工智能对工作和生活的潜在影响。

　　本研究隶属一个正在开展的综合项目，旨在测评计算机能力及其对工作和教育的影响。OECD教育研究与创新中心（CERI）的"人工智能与技能的未来"（AIFS）项目使用多种信息来源，旨在开发易于理解、全面周详、可重复使用且对政策具有指导意义的人工智能能力度量。

方法论

试点研究和此次后续调查邀请计算机科学家评估人工智能的答题能力，测试问题来自"国际成人能力测评项目"中的读写能力和计算能力测试。通过阅读大多数专家对每个问题的意见，确定人工智能在这些测试中可能的表现。使用标准化教育测试可以对比人工智能的能力和人类能力，让人们可以跨时间跟踪人工智能的进步，并提供易于理解的人工智能度量。然而，专家们在评估中并不总是意见一致。本研究旨在改进使用标准化测试获取有关人工智能的专业知识的方法，以应对这一挑战。

主要发现

专家认为人工智能在"国际成人能力测评项目"读写能力和计算能力测试中表现良好。

- 专家认为，人工智能可以回答"国际成人能力测评项目"中大约80%的读写问题。它可以解决大部分简单问题，这些问题通常涉及在简短的文本中查找信息和识别基本词汇。人工智能还可以解答许多较难的问题，回答这些问题需要浏览更长篇幅的文本。这一评估建立在专家达成高度共识的基础上。

- 专家认为,人工智能可以解决"国际成人能力测评项目"计算测试中大约三分之二的问题。然而,他们对这一结果众说纷纭,莫衷一是。一些专家设想的是单纯针对计算问题的狭隘的人工智能解决方案,另一些专家考虑的则是通用系统,这种系统不但可以进行数学推理,而且可以处理各种类似"国际成人能力测评项目"中的计算问题。这种理念上的差异导致评估上的分歧,后者给出的评级较前者也更低。

自2016年以来,人工智能的读写能力已经大幅提高。

- 较之2016年的试点评估,人工智能的读写能力已经显著改善。自2016年以后,人工智能在读写能力测试中的预期成功率提高了25个百分点。这反映了自然语言处理(NLP)在这一时期取得了技术突破,而这得益于诸如GPT(Generative Pre-Trained Transformer,生成式预训练转换器)等预训练语言模型的引入。

- 与专家的研讨表明,人工智能的计算能力在2016—2021年间可能并没有太大的改善。虽然计算问题背后的形式数学容易自动化,但人们对从任务中提取形式模型的研究关注较少,这些任务涉及通用知识,它们的表达需诉诸语言和图像。

根据专家的预测,到2026年,人工智能将可能完成"国际成人能力测评项目"中的所有读写和计算测试。

- 鉴于最近的技术进步,同时考虑自然语言处理领域大量投资和研究的涌现,专家认为人工智能的读写能力将会继续发展。

- 最近,人们已经微调了大型语言模型,并将其应用于解决数学问题。这个领域催生了重要的基准测试,培育了在这些测试中表现良好的系统。基于这些趋势,专家预期在未来几年,人工智能将在计算能力方面取得重大进展。

人工智能可能在读写和计算方面击败大部分人。

- "国际成人能力测评项目"测评受访者的读写和计算熟练程度从低（一级及以下）到高（四到五级）划分为几个级别。根据专家的评估，人工智能在读写能力方面的潜在表现与具有三级熟练程度的成人相当。在参与"国际成人能力测评项目"的各OECD成员国和经济体中，平均而言，90%的成人的读写能力处于三级或以下，只有10%的人达到三级以上。

- 根据双方在"国际成人能力测评项目"中较简单和中等难度问题上的表现，专家评估人工智能的计算能力接近具有二级熟练程度的成人；在较难问题上，人工智能的计算能力接近具有三级熟练程度的成人。根据所有参与测评的OECD成员国和经济体的相关数据，平均57%的成人的计算能力处于二级或以下，88%的成人处于三级或以下。

结论

- 这项研究尽管存在一定的局限，但也揭示出，人工智能读写能力和计算能力的进步可能会对人类就业和教育产生重大影响。大多数劳动者每天都会在工作中使用这些技能。但在过去几十年里，这些技能在大多数国家并没有得到改善。相比之下，人工智能在读写能力和计算能力方面的发展异常迅猛。

- 在参与"国际成人能力测评项目"的国家和经济体中，平均59%的劳动者每天运用读写技能的水平相当于或低于计算机的水平。在工作中，27%～44%的劳动者每天执行计算任务，他们的计算水平等于或低于人工智能水平。人工智能可能会影响这些劳动者所从事的与读写和计算相关的任务。

- 即使是迄今为止排名最前的一些国家，也难以教授本国超过四分之一的劳动者优于人工智能的读写和计算技能。在这种情况下，教育的重点可能需要转变为更加侧重教授学生如何使用人工智能系统，以更有效地执行读写和计算任务。

第4章

搭建舞台：
评估人工智能影响的方法

本章介绍了一项研究，并探讨了与之相关的背景。这项研究通过收集专家关于人工智能能否完成OECD开展的"国际成人能力测评项目"中"成人技能调查"测试的判断，来测评人工智能的能力。它延续了自2016年以来开展的一项早期研究，这项研究旨在依据人工智能完成"国际成人能力测评项目"测试的情况，追踪人工智能能力随时间推移而发生的变化。本章首先概述测评计算机能力及其对经济影响的已有研究；在此背景下，介绍本研究的目标，并分析本研究用于测评人工智能的方法的潜在优势和劣势；最后概述本报告的结构。

新技术可以深刻地改变人们的生活方式和工作方式。过去,蒸汽机、电力和计算机的出现提高了生产力,促进了发展,推动了就业从农业向制造业以及后来的服务业的转变与扩展,从而改变了社会。如今,人工智能和机器人的进步正在引领一场规模更大、速度更快的变革。与过去的技术相比,人工智能和机器人可以在更多任务中与人类匹敌甚至超越人类,特别是在图像和语音识别、预测和模式识别等方面。得益于计算能力、存储容量和算法的稳步改进,相比以往的技术进步,这一变革浪潮更为迅猛。

理解当前技术变革的关键在于理解人工智能和机器人的能力与人类技能的联系以及它们是如何与时俱进的。了解人工智能的"过人之处",有助于预测未来哪些工作可能被自动化,预测各项技能孰轻孰重。这一知识库有利于政策制定者制定有效的劳动力市场政策,应对技术变革带来的挑战。此外,它还能让政策制定者重塑教育体系,使之有利于学生为未来做最充分的准备。

2016年,OECD进行了一项研究,测评了人工智能在人类核心技能方面的能力(Elliott, 2017[1])。这项试点研究以OECD"国际成人能力测评项目"中的"成人技能调查"为工具,测评人工智能是否能通过成人教育测试。结果显示,在读写能力、计算能力和富技术环境[1](technology-rich environments,简称TRE)下的问题解决能力方面——如专家测评的那样——人工智能的能力相当于成人二级水平。在参与测评的OECD成员国和经济体中,普遍存在的现象是,超过一半的成人在这些领域的"国际成人能力测评项目"测试中的表现为二级或以下,无法"超越"人工智能(OECD, 2019[2])。这表明许多人在工作中可能会受到不断发展的计算机能力的影响。[2]

本报告跟进了试点研究,收集了专家关于计算机是否能够完成"国际成人能力测评项目"中读写和计算测试的判断。报告展示了自上次测评以来人工智能在这些领域的能力发展状况。本报告的另一目标是改进测评框架，利用标准化测试征集关于人工智能的专业知识。本研究隶属一项正在进行的更为全面的项目，旨在测评计算机的能力及其对人类就业和教育的影响。OECD教育研究与创新中心的"人工智能与技能的未来"项目旨在开发通俗易懂、全面周详、可以重复使用且对政策具有指导意义的人工智能能力度量。[3]为此，本项目采用了包括专家评估在内的各种人工智能信息来源。

"国际成人能力测评项目"测评了16～65岁成人在三种一般认知技能方面的熟练程度，分别是读写能力、计算能力和富技术环境下的问题解决能力。这些技能是个体有效参与劳动力市场、教育和培训以及社会和公民生活的关键因素。例如，读写越熟练，工资也会越丰厚，能参与的志愿者活动会越多，社会信任度会越高，就业能力和健康状况也会更好（OECD，2013[3]）。因此，各国为培养这些技能出台了大量激励措施。它们与经济回报相关，可以提高生产力和创新能力。它们还可以带来重要的社会回报，例如，提升社会凝聚力和公民参与度，提高政治信任度和社会信任度。

专家测评了人工智能在"国际成人能力测评项目"读写和计算测试中的表现，这些测评为政策制定提供了参考。因为读写和计算与大多数社会情景和工作场景息息相关，所以测评人工智能在读写和计算方面的能力，能反映人工智能对工作和生活的潜在影响。此外，使用人类测试进行测评，可以比较人工智能和人类的能力，并就人工智能复制人类技能的能力得出结论。

本章借鉴社会科学、经济学和计算机科学方面的广泛研究，概述测评计算机能力及其对经济的影响的研究，接着介绍本研究及其目标，最后概述本报告的结构。

测量人工智能能力和影响的已有研究

在政策话语中，关于人工智能和机器人的重要文献大部分源自经济学和社会科学。这些文献通常关注人工智能在工作场所代替劳动者的潜力，并测评人工智能执行工作任务的能力。计算机科学和心理学领域的其他研究则从技能和能力角度分析人工智能。这些研究旨在测量可用的计算机能力有哪些，计算机能力如何与时俱进，以及它们与人类技能的关系。

任务型方法

经济学文献中许多研究分析的起点是查看职业及其任务内容。这些研究通常通过参考计算机专家的判断，来分析职业任务是否容易受到自动化的影响。其目标是量化机器可以从事职业的程度。然后，将这些信息与劳动力市场数据联系起来，以研究职业自动化对就业和工资的影响。本节重点介绍这个领域的关键研究。

任务型方法源于奥托尔、莱维和默南（Autor, Levy and Murnane, 2003[4]）的开创性研究。该研究认为，机器只能取代从事一成不变的例行任务的劳动者，因为这些任务很容易被编码。相比之下，涉及问题解决或社交互动等的非例行任务不易自动化，因为机器较难理解此类任务。该模型预测，技术价格的下降会或多或少地影响这些任务领域的劳动力需求。随着雇主越来越多地使用廉价机器替代执行例行任务的劳动者，对执行例行任务的劳动者的需求将减少。与此同时，工作场所中的技术运用需要更多高技能劳动者执行非例行性任务，例如机器的开发和操作。

许多研究扩展了奥托尔、莱维和默南（Autor, Levy and Murnane, 2003[4]）的方法，以适应最新的技术进步。弗雷和奥斯本（Frey and Osborne, 2017[5]）的研究被引用得最广泛，它确定了三种难以自动化的工作任务：感知和操作任务，如在非结构化环境中导航；创造性智能任务，如创作音乐；社交智能任务，如谈判和说服。研究者们研究了这些"瓶颈"任务与专家对70种职业的自动化能力评级之间的关系。他们运用这些关系来预测600多种职业自动化的概率。该分析依赖于美国劳工部的职业网络数据库[the Occupational Network (O*NET) database]，这是一种将职业与工作任务系统地联系起来的职业分类方法（National Center for O*NET Development, n.d.[6]）。该研究对比了职业自动化的度量与美国劳动力市场数据，预测美国47%的工作极有可能会被自动化。

两项受OECD支持的研究改进了弗雷和奥斯本所提框架的方法论，这两项研究分别是阿恩茨、格雷戈里和齐拉恩的研究（Arntz, Gregory and Zierahn, 2016[7]）以及内德尔科斯卡和昆蒂尼的研究（Nedelkoska and Quintini, 2018[8]）。这些研究分析涵盖更多国家和经济体，使用更细致的"瓶颈"任务数据。此外，他们估计了职位层面而非职业层面的自动化能力。这考虑到相同职业中的不同职位在自动化倾向上可能会有所不同的情况。相比弗雷和奥斯本（Frey and Osborne, 2017[5]）的研究，这些研究发现的易于自动化的职位比例低很多。根据阿恩茨等人（Arntz, Gregory and Zierahn, 2016[7]）的数据，21个OECD成员国和经济体易于自动化的职位比例平均为9%；根据内德尔科斯卡和昆蒂尼（Nedelkoska and Quintini, 2018[8]）的数据，32个国家和经济体易于自动化的职位比例平均为14%。

基于专利内容的自动化测评

一些研究利用专利信息来测量人工智能和机器人在工作场所的适用性。

韦布(Webb,2020[9])的研究浏览了专利描述中的关键词,以便识别人工智能和机器人技术的专利,这些关键词包括"神经网络""深度学习"和"机器人"等。然后,该研究分析这些专利的文本描述与职业网络中可获得的职业任务描述的吻合之处,进而量化职业对这些技术的使用程度。结果显示,尽管低技能劳动者从事的工作和低薪工作最容易使用机器人技术,但是需要大学学历的工作才最容易受到人工智能的影响。此外,越容易受机器人技术影响的职业,其就业率和工资越容易下降。

斯奎恰里尼和斯塔乔利(Squicciarini and Staccioli,2022[10])采用了与韦布(Webb,2020[9])类似的方法。他们通过使用文本挖掘技术,识别节约劳动力的机器人技术专利,并测量它们与国际标准职业分类(ISCO08,一种标准化职业分类方法)中职业描述的文本接近程度(ILO,2012[11])。通过这种方法,他们评估了各种职业使用机器人的程度。研究发现,最容易受到机器人技术影响的,是低技能的蓝领职位以及分析类岗位。然而,因为这些职业的就业份额随着时间的推移保持不变,所以并没有证据表明劳动力会被取代。

基于基准测试程序的人工智能的度量

在人工智能研究中,基准测试程序被用于评估机器在特定任务和领域中的进展。基准测试程序是一个测试数据集,系统在该数据集上执行一项或一系列任务,运用标准数字度量进行评估。这为比较不同系统提供了一个共同的测试平台。多项研究将基准测试程序的信息与职业信息联系起来,以测评不断发展的人工智能能力如何影响工作场所。

一些流行的基准测试程序包括:"图像网络"(ImageNet),这是一个大型的、公开的数据集,用于测试系统正确分类图像的能力(Deng et al.,2009[12]);

在语言领域，通用语言理解评估(General Language Understanding Evaluation，简称GLUE)基准测试程序测试系统在多个任务上的表现，这些任务包括预测单个句子的情感和检测句对中句子间的语义相似性(Wang et al.,2018[13])；在强化学习中，街机学习环境(Arcade Learning Environment)通过测试解决任务的各种策略确定最优方法，来测试人工智能代理程序在指定任务上最优化其表现的能力(Bellemare et al.,2013[14])。

费尔滕、拉杰和西曼斯(Felten, Raj and Seamans, 2019[15])的研究使用基准测试程序的评估结果，来测量人工智能主要应用领域(如图像和语音识别)的进展。研究者邀请来自一个众包平台上的零工劳动者对相关性进行评级——相关性是指人工智能各应用领域与职业网络中的职业所需关键能力之间的联系。通过关联人工智能领域和职业，研究者测评了人工智能在职业中的应用程度。他们认为，需要下述能力的职业更容易受到人工智能的影响，这些能力与发展更加快速的人工智能领域相关。研究发现，人工智能对职业的影响与工资增长——而非就业——呈正相关。

托兰等人(Tolan et al.,2021[16])使用328个人工智能基准测试程序相关的研究成果(如研究出版物、新闻、博客条目)来测量人工智能进展的方向(请参见Martínez-Plumed et al.,2020[17])。他们将这些测量结果与基于劳动力调查以及职业网络中的职业任务联系起来。人工智能进展与工作任务经由关键认知能力的中间层建立起联系。这种中间层源于心理学、动物认知和人工智能的研究，包括广泛的基本能力，如视觉处理和导航。具体而言，该研究通过借鉴各学科专家的判断，将三者联系起来，这三者分别是人工智能基准测试程序与认知能力、能力与工作任务以及基于认知能力的人工智能基准测试程序与工作任务。结果表明，高收入职业有相对较高的人工智能使用率，如医生，而低收入职业受人工智能影响较小,如司机或清洁工。

将人工智能相关工作岗位作为人工智能在公司中的使用指标

公司对人工智能专家的需求可以作为工作场所使用人工智能的指标。这意味着部署人工智能技术的公司也需要具有人工智能相关技能的劳动者来操作和维护它。采用这种方法的研究从工作岗位的招聘中获取公司的技能需求信息。

阿列克谢耶娃等人(Alekseeva et al., 2021[18])浏览了工作岗位所需的人工智能相关技能。岗位信息和预定义的人工智能技能列表都来自燃镜科技公司(Burning Glass Technologies,简称BGT),该公司每天在网上收集空缺岗位,并提供岗位相关技能要求的系统化信息。该研究表明,对人工智能技能需求高的公司,为人工智能和非人工智能岗位提供的工资也更高。作者们认为,这一证据支持了这样一种观点,即在工作场所使用人工智能增加了对高级技能的补充性工作的需求,例如项目和人员管理工作。

巴比纳等人(Babina et al., 2020[19])没有使用预先指定的人工智能关键词,而是估算了燃镜科技公司数据中的技能与招聘信息中核心人工智能概念(如"人工智能"和"机器学习")同时出现的频率。他们认为,经常与核心人工智能术语一起出现的技能同人工智能相关。通过这种方式,作者测评了招聘岗位中的技能需求与人工智能的相关性。他们发现,要求应聘者掌握人工智能相关技能的公司,在行业内销售额增长更迅猛,招聘需求更旺盛,市场份额扩张也更迅速。

基于技能的测评:一种新方法

人工智能对工作的影响也可以通过比较人工智能的能力与职场所需的

全部人类技能来测量。这种比较直接回答了人工智能是否可以替代人类工作的问题。此外，它有助于人们了解人工智能超越当前职业范围的影响。例如，它可以展示未来应如何重新安排职业以更好地协调人工智能和人类技能的关系，以及教育应如何应对。

用为人类开发的标准化测试来测评人工智能的能力，可以对人工智能与人类进行比较。计算机科学研究已经使用不同类型的人类测试来评估人工智能，包括智商测试（例如 Liu et al., 2019[20]）、学校数学考试（Saxton et al., 2019[21]）和科学考试（Clark et al., 2019[22]）。

人工智能能力探索性测评的目标

本研究旨在通过专家判断人工智能能否完成"国际成人能力测评项目"中的测试来测评人工智能的能力。它是OECD评估人工智能实践的一部分。"人工智能与技能的未来"项目旨在开发人工智能能力的度量，以帮助政策制定者和公众了解人工智能对教育和工作的影响。

这些度量应满足以下几个标准：

- 它们应提供公认的框架来描述人工智能的能力，显示人工智能最重要的优点和局限性，并强调人工智能的能力何时会发生重大变化。

- 与所有度量一样，它们应可靠有效。换言之，它们既应反映所测量的人工智能的内容向度（有效性），又应提供一致的信息（可靠性）。

- 对非专业人士而言，这些度量应通俗易懂、可以复制、全面周详，这意味着它们应涵盖人工智能的所有关键方面。它们还应与政策相关，有助于揭示人工智能对教育、工作和经济的影响。

"人工智能与技能的未来"项目利用各种人工智能能力相关信息来源，开发人工智能度量：通过基准测试程序和专家判断，直接测评人工智能的能力（OECD，2021[23]）。

通过人工智能领域的基准测试程序、竞赛和评估活动对人工智能能力进行直接测评，以追踪人工智能的进展并评估系统的性能。然而，直接衡量通常仅适用于当前研究和开发的领域，还有许多与工作相关的任务和技能无法涵盖到。此外，直接度量主要关注最前沿的人工智能，并不研究对当前系统来说太容易或太困难的任务表现。

在缺乏直接度量信息的领域，专家的判断能弥补测评框架的不足。通过填补这些空白，基于专家判断的度量有助于更全面地测评人工智能的能力。

该项目使用一系列不同的测试来收集专家对人工智能的判断。作为"国际成人能力测评项目"的补充，它使用"国际学生评估项目"（Programme for International Student Assessment，简称PISA）来测量关键认知技能，同时使用职业教育和培训的测试来测评职业特定技能。此外，该项目将使用来自动物认知和儿童发展领域的测试来测评所有健康成人的基本低级技能，但人工智能不一定具有这些技能（例如空间和情景记忆）（OECD，2021[23]）。

2016年的试点研究为"人工智能与技能的未来"项目奠定了基础（Elliott，2017[1]）。专家会判断人工智能是否可以进行人类测试，这种判断构成了研究的宝贵信息来源。试点研究和后续研究都旨在通过"成人技能调查"，利用专家判断，来探索人工智能能力的测评。这种新方法具有以下优点：

- 基于特定测试项目的评级可以更精确地估量计算机的能力。测试项目为评估计算机能力的专家提供了精确、情境化和细粒度的任务描述。这使计算机专家在评定人工智能在任务中潜在表现的等级时，无需对任务要求做出额外假设。这意味着评级人之间的可信度更高，复制性更强。

- 使用人类测试可以比较计算机与人类的能力。尤其是"国际成人能力测评项目"可以细致分析不同背景、不同年龄组和职业的技能供给。这使得比较人工智能与特定人类劳动者群体的平均表现成为可能。此外，该测试的任务从简单到复杂，难度依次递增，可以用来测评和比较人工智能和人类的熟练程度。

- 标准化测试可以追踪人工智能在不同时段内的进展。它们实现了不同专家和不同时间点测评的可复制性。

- 基于标准化测试的人工智能测评提供了可理解的度量。用"国际成人能力测评项目"描述人工智能的能力，其提供的信息对教育工作者和教育研究人员来说意义非凡。教育工作者和教育研究人员通常不但熟悉技能类型，例如"成人技能调查"测评的技能类型，而且精通这些技能在教育中的发展方式以及在工作和日常生活中的潜在使用方式。

然而，这种测评方法也面临一些挑战：

- 过度拟合是一种常见的危险，它不仅在使用人类测试评估人工智能时存在，而且在使用任何评估工具时都存在。过度拟合意味着人工智能系统可以在测试中表现出色，却不能执行与测试略有不同的其他任务。这是因为人工智能系统通常是"狭隘的"，或被训练用于执行特定任务。

- 另一个挑战是，为人类设计的测试理所当然地认为所有人类（无严重残障的）都具备一些技能，如视觉和常识。然而，因为人工智能不具备这些技能，所以人类测试对人类和机器来说含义不同。例如，一项简单任务要求计算出一张图片中的物体数量，其测试的是人类的计数能力,但对人工智能来说,这测试的是对物体的识别能力。

本报告的结构

本报告介绍了使用"国际成人能力测评项目"测评人工智能能力的动机、方法和结果。第二章提供了一些背景信息,介绍人类读写和计算技能随时间变化的情况,介绍同一时期内处理语言和解决数学任务的技术发展情况。通过说明计算机在关键领域能力的发展远超人类,该章强调了定期测评和比较两者的必要性。第三章描述了收集专家判断的方法,以评估人工智能是否能进行"国际成人能力测评项目"测试。第四、五章介绍了结果:第四章介绍了这项后续研究的结果,第五章则将这些结果与试点研究的结果进行对比,以追踪自2016年以来人工智能读写和计算能力测评结果的变化。第六章讨论了不断发展的人工智能的能力对就业和教育的政策影响。

参 考 文 献

- Alekseeva, L. et al. (2021), "The Demand for AI Skills in the Labor Market", *Labour Economics*, Vol. 71, p. 102002, https://doi.org/10.1016/j.labeco.2021.102002.　[18]

- Arntz, M., T. Gregory and U. Zierahn (2016), "The Risk of Automation for Jobs in OECD Countries: A Comparative Analysis", *OECD Social, Employment and Migration Working Papers*, No. 189, OECD Publishing, Paris, https://doi.org/10.1787/5jlz9h56dvq7-en.　[7]

- Autor, D., F. Levy and R. Murnane (2003), "The Skill Content of Recent Technological Change: An Empirical Exploration", *The Quarterly Journal of Economics*, Vol. 118/4, pp. 1279–1333, https://doi.org/10.1162/003355303322552801.　[4]

- Babina, T. et al. (2020), "Artificial Intelligence, Firm Growth, and Industry Concentration", *SSRN Electronic Journal*, https://doi.org/10.2139/ssrn.3651052. [19]

- Bellemare, M. et al. (2013), "The Arcade Learning Environment: An Evaluation Platform for General Agents", *Journal of Artificial Intelligence Research*, Vol. 47, pp. 253–279, https://doi.org/10.1613/jair.3912. [14]

- Clark, P. et al. (2019), "From 'F' to 'A' on the N.Y. Regents Science Exams: An Overview of the Aristo Project". *AI Magazine Artificial Intelligence*, 41, (4), pp.39–53. [22]

- Deng, J. et al. (2009), "ImageNet: A Large-scale Hierarchical Image Database", *2009 IEEE Conference on Computer Vision and Pattern Recognition*, https://doi.org/10.1109/cvpr.2009.5206848. [12]

- Elliott, S. (2017), *Computers and the Future of Skill Demand*, Educational Research and Innovation, OECD Publishing, Paris, https://doi.org/10.1787/9789264284395-en. [1]

- Felten, E., M. Raj and R. Seamans (2019), "The Variable Impact of Artificial Intelligence on Labor: The Role of Complementary Skills and Technologies", *SSRN Electronic Journal*, https://doi.org/10.2139/ssrn.3368605. [15]

- Frey, C. and M. Osborne (2017), "The Future of Employment: How Susceptible Are Jobs to Computerisation?", *Technological Forecasting and Social Change*, Vol. 114, pp. 254–280, https://doi.org/10.1016/j.techfore.2016.08.019. [5]

- ILO (2012), *International Standard Classification of Occupations. ISCO-08. Volume 1: Structure, Group Definitions and Correspondence Tables*, International Labour Organization. [11]

- Liu, Y. et al. (2019), "How Well Do Machines Perform on IQ Tests: A Comparison Study on a Large-scale Dataset", *Proceedings of the Twenty-eighth International Joint Conference on Artificial Intelligence*, https://doi.org/10.24963/ijcai.2019/846. [20]

- Martínez-Plumed, F. et al. (2020), "Does AI Qualify for the Job?", *Proceedings of the AAAI/ACM Conference on AI, Ethics, and Society*, https://doi.org/10.1145/3375627.3375831. [17]

- National Center for O*NET Development (n.d.), *O*NET 27.2 Database*, https://www.onetcenter.org/database.html (accessed on 24 February 2023). [6]

- Nedelkoska, L. and G. Quintini (2018), "Automation, Skills Use and Training", *OECD Social, Employment and Migration Working Papers*, No. 202, OECD Publishing, Paris, https://doi.org/10.1787/2e2f4eea-en. [8]

- OECD (2021), *AI and the Future of Skills, Volume 1: Capabilities and Assessments*, Educational Research and Innovation, OECD Publishing, Paris, https://doi.org/10.1787/5ee71f34-en. [23]

- OECD (2021), *The Assessment Frameworks for Cycle 2 of the Programme for the International Assessment of Adult Competencies*, OECD Skills Studies, OECD Publishing, Paris, https://doi.org/10.1787/4bc2342d-en. [25]

- OECD (2019), *Skills Matter: Additional Results from the Survey of Adult Skills*, OECD Skills Studies, OECD Publishing, Paris, https://doi.org/10.1787/1f029d8f-en. [2]

- OECD (2013), *OECD Skills Outlook 2013: First Results from the Survey of Adult Skills*, OECD Publishing, Paris, https://doi.org/10.1787/9789264204256-en. [3]

- OECD (2012), *Literacy, Numeracy and Problem Solving in Technology-rich Environments: Framework for the OECD Survey of Adult Skills*, OECD Publishing, Paris, https://doi.org/10.1787/9789264128859-en. [24]

- Saxton, D. et al. (2019), "Analysing Mathematical Reasoning Abilities of Neural Models". https://arxiv.org/pdf/1904.01557.pdf (accessed on 19 September 2023). [21]

- Squicciarini, M. and J. Staccioli (2022), "Labour-saving Technologies and Employment Levels: Are Robots Really Making Workers Redundant?", *OECD Science, Technology and Industry Policy Papers*, No. 124, OECD Publishing, Paris, https://doi.org/10.1787/9ce86ca5-en. [10]

- Tolan, S. et al. (2021), "Measuring the Occupational Impact of AI: Tasks, Cognitive Abilities and AI Benchmarks", *Journal of Artificial Intelligence Research*, Vol. 71, pp. 191–236, https://doi.org/10.1613/jair.1.12647. [16]

- Wang, A. et al. (2018), "GLUE: A Multi-task Benchmark and Analysis Platform for Natural Language Understanding". https://arxiv.org/pdf/1804.07461.pdf (accessed on 19 September 2023). [13]

- Webb, M. (2020), "The Impact of Artificial Intelligence on the Labor Market", *SSRN Electronic Journal*, https://doi.org/10.2139/ssrn.3482150. [9]

注　释

1. "国际成人能力测评项目"将富技术环境下的问题解决定义为使用"数字技术、

通信工具与网络获取和评估信息、与他人沟通和执行实际任务"的能力（OECD，2012[24]）。重点不在"计算机素养"，而在信息时代所需的认知技能。例如，定位和评估互联网上的信息是否可靠，以确保其质量和可信度；使用电子表格、统计软件包或操作计算机管理个人财务等。

"国际成人能力测评项目"第一周期（2011—2017）对这些技能进行了测评，这一周期同时也是本报告的重点。第二周期正在进行，测评的是适应性问题解决。适应性问题解决是指问题解决者处理动态变化的情况，以及根据新信息或情况调整初始解决方案的能力（OECD，2021[25]）。

2. 本报告中，"计算机"这一术语通常指人工智能、机器人和其他类型的信息与通信技术。

3. 请参见https://www.oecd.org/education/ceri/future-of-skills.htm（访问日期2023年2月21日）。

第2章

人类技能与
人工智能能力的演变

　　本章概述了人类技能和计算机能力随时间推移在读写和计算领域的变化。首先，使用数据分析16～65岁成人、在职成人和15岁学生的技能水平变化，数据来源于"国际学生评估项目"（PISA）、"国际成人能力测评项目"（PIAAC）中的"成人技能调查"、"国际成人读写能力调查"（IALS）和"成人读写能力和生活技能调查"（ALL）。其次，描述了自然语言处理领域的最新趋势和人工智能在数学推理领域的最新动态。这些技术发展与人工智能在"国际成人能力测评项目"中的潜在表现息息相关。通过揭示技术进步在关键技能领域比人类技能发展更加迅猛，本章强调定期和系统监测人工智能的能力演变并将其与人类技能进行比较的必要性。

人口的技能水平是影响一个国家创新力、发展力和竞争力的关键因素。因此，不同国家采取不同政策，推行众多激励措施，进而增加技能供给和优化现有技能储备。政府投资教育，努力提升培训课程与劳动力市场需求的匹配度，以培养未来劳动力所需的"恰当"技能，即经济发展所需的技能和有助于个人成长的技能。其他政策通过下列措施实现劳动力的技能升级和再就业技能培训，例如，鼓励雇主在工作场所提供更多学习机会，加强终身学习，鼓励失业者或培训移民来帮助他们进入劳动力市场。然而，所有这些政策努力都需要时间上的积累才能有效促进劳动力技能的形成。

相比之下，技术进步迅速，机器可以复制劳动者越来越多的技能。过去十年，大数据、计算能力、存储容量和算法技术的进步促使人工智能和机器人能力得到巨大提升。与人类相比，当前的人工智能在处理各种任务时更加快速、客观和准确。例如，在部分领域，语言处理技术已经在语音识别和翻译方面超过人类的水平。在应对需要逻辑推理或常识的语言挑战中，它也取得长足进展。在视觉领域，人工智能在物体检测、人脸识别和许多基于图像的医学诊断任务上已经超过人类。在机器人领域，虽然系统在非结构化环境中仍受到限制，但是它们已经变得更加灵活，这主要得益于机器学习的进步和精密传感器系统可用性的增强（Zhang et al., 2022[1]）。

本章提供了关于人类技能和计算机能力在计算和读写方面随时间演变的背景信息。通过展示计算机更加迅猛的发展，本章强调定期和系统监测人工智能的能力演变并将其与人类技能进行比较的必要性。

首先，本章分析了16～65岁成人在读写和计算领域的技能水平，并展示其随时间的变化。该分析使用"成人技能调查"（源自"国际成人能力测评项目"）和两项早期技能测评的可比数据，这两项技能测评分别是1994—1998

年开展的"国际成人读写能力调查"和2003—2007年开展的"成人读写能力和生活技能调查"。其他分析是基于"国际学生评估项目"2000—2018年的数据,重点关注学生的阅读和数学技能。其次,本章概述了自然语言处理和人工智能在量化推理领域中的最新技术发展。

技能供给的变化

对人类技能的长期发展进行测评是有难度的。传统上,经济学研究把平均受教育年限、所获资格证书和学位证书作为技能供给的证明。从这个角度来看,过去十年,由于OECD所有成员国持有高等教育学位的成人人口比例都有所增加,所以其技能供给也理应有所增加(OECD,2023[2])。

然而,正规教育资格证书并不总能充分反映个人的实际技能。例如,它们没有考虑到正规教育之后获得的技能和知识,也没有考虑到因不使用或年龄增长带来的技能丧失(OECD,2012[3])。相比之下,虽然"国际成人能力测评项目"这类技能测评必然局限于少部分技能,但它们能直接对技能进行测量。

紧随其后,本节将基于"国际成人能力测评项目"结果介绍成人读写和计算技能水平。到目前为止,只有一波调查的数据可用。本章将结合这些数据与"国际成人读写能力调查"的可比数据,研究读写技能随时间的变化。19个OECD成员国和经济体同时参加了"国际成人能力测评项目"和"国际成人读写能力调查",不同国家和经济体参加这两项测评的时间间隔为13～18年不等。[1]通过将"国际成人能力测评项目"的结果分别与2003年和2006—2008年开展的"成人读写能力和生活技能调查"的结果进行比较,本章分析了计算技能的变化。这种比较仅适用于7个国家,并且时间跨度较短,只有5～9年。[2]

读写技能的变化

由于"国际成人能力测评项目"和"国际成人读写能力调查"使用的测评工具不同，故两个项目得到的与读写能力有关的数据的可比性比较有限。"国际成人能力测评项目"读写领域中的内容包含"国际成人读写能力调查"使用的材料。"国际成人读写能力调查"分别测评人们在散文材料和文件材料两个独立领域内的读写能力（OECD，2016[4]）。然而，人们重新分析了"国际成人读写能力调查"的数据，以便为一个可比且共同的读写领域评分（OECD，2013[5]）。"国际成人能力测评项目"和"国际成人读写能力调查"中相同的读写试题超过一半，这些试题奠定了构建两项调查的可比量表的基础。技能按照500分制进行测评，该分制既用于描述个别测试问题的难度，也用于表示参加调查的成人的熟练程度。为了便于理解，连续量表通常使用六个难度/熟练程度进行描述，即从一级及以下到五级。难度较小（一级及以下）的读写问题，文本简短，通常由几个句子组成，设置的问题是信息题，通过问题中的词语，受试者很容易在文本中识别相关信息。难度较大的问题，文本更长，可能需要解释或综合分析问题，还需要避免可能表面上提供了答案的误导信息。不同熟练程度的个体可以成功完成该级别三分之二的问题。他们完成难度较小问题的可能性较高，完成难度较大问题的可能性较低。

图2.1显示了16～65岁成人的读写能力水平，图中数据为19个参与两项调查的OECD成员国和经济体的平均值，这两项调查分别是"国际成人读写能力调查"（IALS）和"国际成人能力测评项目"（PIAAC）。由于位于量表顶部和底部的成人数量相对较少，故将熟练程度得分为一级和一级以下的调查对象合并为一个类别（一级及以下），将得分为四级和五级的调查对象合并为一个类别

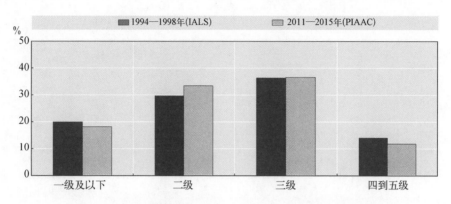

图2.1　IALS和PIAAC中16～65*岁人口的读写能力水平

来源：摘自 Elliott, S. (2017[6])，*Computers and the Future of Skill Demand*, Figure 2.1, Educational Research and Innovation, OECD Publishing, Paris, https://doi.org/10.1787/9789264284395-en.

（四到五级）。在"国际成人能力测评项目"中，超过三分之二的成人的读写能力水平为二级或三级。在"国际成人读写能力调查"和"国际成人能力测评项目"间隔的13～18年中，成人的技能水平平均变化不大。二级人数的比例增加了四个百分点，而一级及以下和四到五级所占的比例分别下降了两个百分点。

　　为了进行比较，图2.2仅显示了在职成人的读写能力水平。劳动人口的技能水平与全部成人人口的技能水平相似。近四分之三（71%）的劳动人口的读写技能水平为二级和三级，13%的劳动人口达到最高水平。与"国际成人读写能力调查"的结果相比，随着时间的推移，劳动人口的读写技能略有下降。四到五级的人数所占比例下降了近3个百分点，而二级的人数所占比例增加了近4个百分点。对单个国家和经济体的观察显示，在四到五级水平的人数方面，这种读写技能的下降趋势在加拿大、丹麦、德国、挪威、瑞典和美国更为明显（见附录2.A中表A2.2），只有澳大利亚、波兰和斯洛文尼亚人口的读写技能水平提高了。

　　在大多数国家，随着时间的推移，成人的读写技能并没有随着学历的提高

---

* 　译者注：此处英文原文为"15～65"，根据上下文，原文应为笔误。

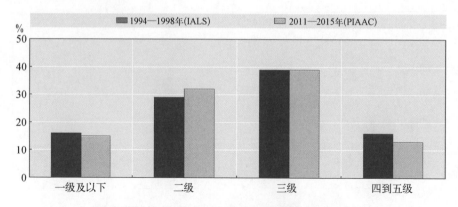

图2.2　IALS和PIAAC中劳动人口的读写能力水平

来源: 摘自Elliott, S. (2017[6]), *Computers and the Future of Skill Demand*, Figure 2.2, Educational Research and Innovation, OECD Publishing, Paris, https://doi.org/10.1787/9789264284395-en.

而提高, 而这与其人口构成的变化相关（Paccagnella, 2016[7]）。在两项调查中, 所有国家的人口平均年龄都有所增加。此外, 移民导致非本土出生的成人在人口中所占比例增加。这两种趋势都与较低的读写技能水平相关, 并抵消了学历提高带来的读写能力的提高。

一个国家的技能供给不仅取决于活跃人口的技能水平, 而且取决于国家培养青年群体的技能、为他们进入劳动力市场所做准备的效果。"国际学生评估项目"提供了关于年轻人在阅读、数学和科学方面知识和技能的测评结果。自2000年以来, 该项目每三年开展一次, 以便人们能够观察学生技能的长期发展趋势。每轮测评聚焦于三门学科中的一门, 并为其他两门学科提供基本结果。对某门学科的第一次全面测评为该学科未来趋势的比较设定了基点。由于第一轮主要测评阅读, 因此人们可以观察自2000年以来学生阅读表现的变化趋势。

"国际学生评估项目"将阅读能力定义为"理解、使用、评估、反思和阅读文本, 以实现个人目标、拓展个人知识面、发挥个人潜力以及提高参与社会的能力"(OECD, 2019, p.14[9])。阅读表现的评分与受试者表现监测结果的差异有关,其中受试者是指所有参与第一次主要测评的人员。也就是说,分数没有实质性意义。相反,它们被按比例增减,以符合平均值为500分、标准差为100分的正态分布。

图2.3显示了自2000年以来OECD成员国平均阅读分数的长期变化趋势。它聚焦于参加所有"国际学生评估项目"阅读测评的23个OECD成员国。根据两次测评之间平均表现每三年的平均变化,将各国的表现趋势分为上升、无显著变化或下降三类。每三年的平均趋势仅在德国、波兰和葡萄牙三个国家中呈现显著上升(见附录2.A中表A2.3)。在大多数参与国中,年轻人的阅读技能并没有随时间推移而发生显著变化。澳大利亚、芬兰、冰岛、韩国、新西兰和瑞典六个国家的阅读能力则呈现显著下降趋势(见附录2.A中表A2.3)。

计算技能的变化

因为"国际成人能力测评项目"中的计算领域不同于"国际成人读写能力调查"中定量的读写领域,所以无法为早期调查构建一个可比的标尺,也就无法比较这两者有关计算能力的数据。

在测量的结构和测试内容方面,"国际成人能力测评项目"的计算能力测评与"成人读写能力和生活技能调查"中的相似(OECD, 2013[10]; Paccagnella, 2016[7])。"国际成人能力测评项目"中使用的大部分计算能力测试题目也用于"成人读写能力和生活技能调查"。"成人读写能力和生活技能调查"有关计算能力的结果也已被重新估算,以适应"国际成人能力测评项目"使用的测量量表。七个OECD成员国拥有这种关于计算能力的可比数据,

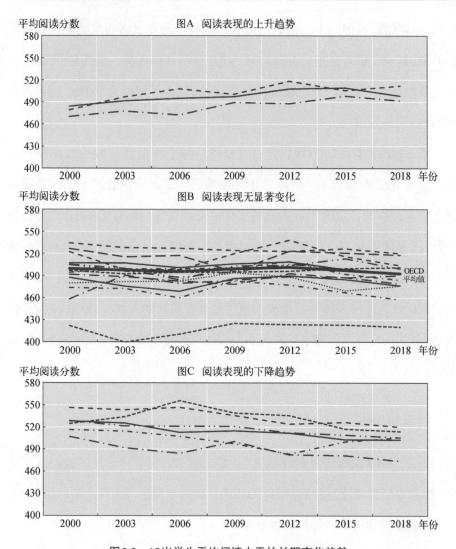

图2.3　15岁学生平均阅读水平的长期变化趋势

注：平均阅读分数是指自2000年以来参加所有"国际学生评估项目"阅读测评的23个OECD成员国的平均分数。根据平均表现的三年平均趋势，将各国阅读表现的变化趋势分为上升、无显著变化或下降三类。其中，三年平均趋势是通过线性回归计算的每三年的平均变化，时间跨度是从"国际学生评估项目"的最早开展时间到2018年。图A显示三年趋势呈现显著上升，图B显示三年趋势无显著变化，图C显示三年趋势呈现显著下降。

来源：OECD (2019[8])，*PISA 2018 Results (Volume I): What Students Know and Can Do*，PISA, Table I.B1.10, OECD Publishing, Paris, https://doi.org/10.1787/5f07c754-en.

StatLink 📊 https://stat.link/b6uc98

它们是加拿大、匈牙利、意大利、荷兰、新西兰、挪威和美国。

　　和读写能力一样，在"国际成人能力测评项目"中，计算能力也采用500分制进行测评，并再次被分为四个熟练程度。处于某个熟练程度的受访者可以解决该水平上大约三分之二的问题。他们更善于解答较容易的问题，而不善于解答较难的问题。难度较小的问题要求受访者执行简单的一步操作，例如计数或排序。相比之下，难度较大的问题通常需要理解和整合多个数学步骤，例如阅读图表、计算变化率和应用公式。

　　图2.4显示了16～65岁人口在参与下述两个项目时四个计算能力水平上的分布情况，这两个项目分别是"成人读写能力和生活技能调查"（ALL）和"国际成人能力测评项目"（PIAAC）。与读写能力的调查结果类似，被观察国家的大多数人口的计算能力为中等熟练程度（二级和三级）。"国际成人能力测评项目"与"成人读写能力和生活技能调查"的结果对比显示，在七个国家中，平均而言，技能熟练程度已经从较高程度轻微下滑到较低程度。具体而言，具有三级计算能力的成人的比例下降了3个百分点，而计算能力最差的成人的比例上升了2个百分点。这一趋势在加拿大、匈牙利、荷兰、挪威和美国更加明显。在被观察国家中，只有意大利的成人的计算能力随着时间的推移有所提高。但是，这种提高源于占相当大比例的人能力较差。

　　图2.5展示了劳动人口的计算能力及其随时间的变化。与全部成人人口相比，劳动人口表现出更高的计算技能，计算技能低的劳动者占比较小。随着时间的推移，在所有被观察的国家中，平均而言，具有中等计算能力的在职成人的占比小幅下滑。同时，能力分布的边际，即计算能力最低和较高的劳动者的占比有所增加。匈牙利和挪威的情况便是如此。在加拿大和荷兰，在职成

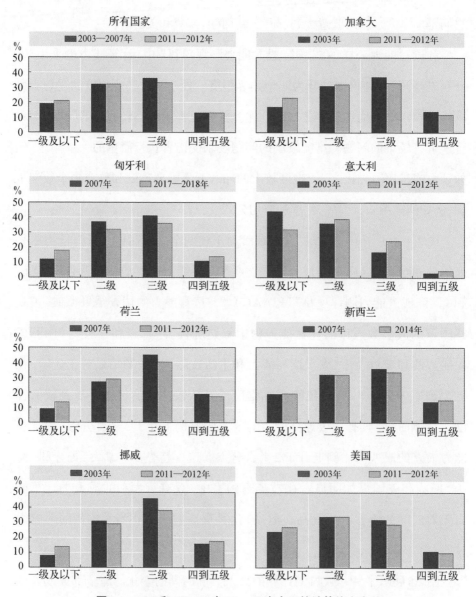

图2.4　ALL和PIAAC中16～65岁人口的计算能力水平

来源: US Department of Education, National Center for Education Statistics, Statistics Canada and OECD (2020[11]), *Program for the International Assessment of Adult Competencies (PIAAC), Adult Literacy and Life Skills Survey (ALL) 2003-2008 and PIAAC 2012-2017 Literacy, Numeracy, and Problem Solving TRE Assessments*, https://nces.ed.gov/surveys/piaac/ideuspiaac (accessed on 31 August 2022).

StatLink 🔗 https://stat.link/3hn6kj

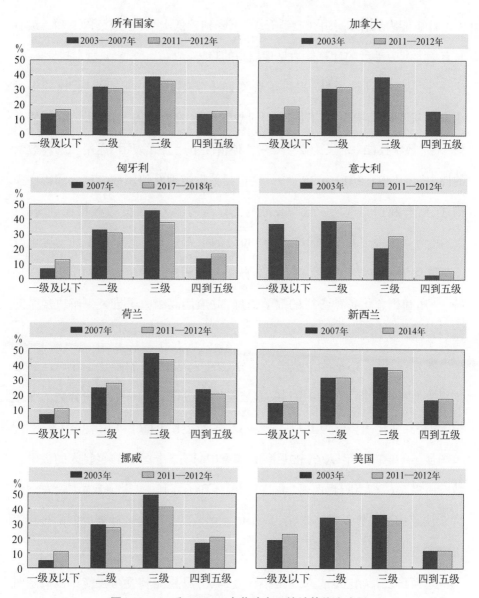

图2.5　ALL和PIAAC中劳动人口的计算能力水平

来源：US Department of Education, National Center for Education Statistics, Statistics Canada and OECD (2020[11]), *Program for the International Assessment of Adult Competencies (PIAAC), Adult Literacy and Life Skills Survey (ALL) 2003–2008 and PIAAC 2012–2017 Literacy, Numeracy, and Problem Solving TRE Assessments*, https://nces.ed.gov/surveys/piaac/ideuspiaac (accessed on 31 August 2022).

StatLink https://stat.link/k8ow7y

人的计算能力从较高水平(三到五级)下降到较低水平(一级及以下和二级)。只有意大利劳动者的计算能力呈现提高的趋势。

"国际学生评估项目"提供了有关15岁学生数学技能的信息,这使得对比学生从2003年开始的不同时期的数学成绩成为可能。"国际学生评估项目"将"数学技能"定义为学生"在各种情况下用公式表示、运用和解释数学的能力"(OECD,2019,p.75[9])。这包括数学推理及使用数学概念和程序来描述、解释和预测现象。数学技能的测评与阅读类似:分数被按比例增减,以符合平均值为500分、标准差为100分的正态分布。得分最低的学生可以识别陈述清晰的数学信息,并执行常规的数学程序。得分最高的学生可以理解、使用和概念化各种各样的数学信息,并应用高级数学推理来解决复杂问题(OECD,2019[9])。

图2.6展示了15岁学生数学平均分数的变化趋势。它聚焦于参与自2003年以来所有数学测评的29个OECD成员国。根据它们三年平均分数的变化情况,将其变化趋势分为上升(图A)、无显著变化(图B)和下降(图C)三类。该图显示,自2003年以来,被观察的国家中只有5个国家的年轻人的数学分数有所提高(意大利、墨西哥、波兰、葡萄牙和土耳其,见附录2.A中表A2.4)。11个国家相关趋势无显著变化,13个国家的数学平均分数随着时间的推移而下降。

总而言之,无论是成人还是年轻人,其计算技能和读写技能都没有随时间推移发生显著改变。只有少数几个国家的人在基础技能方面有所提高。这可能由多种因素造成,包括人口老龄化、移民或特定群体技能水平的变化(Paccagnella,2016[7])。但是,读写能力和计算能力中小幅度的变化表明,提高技能供给对政府来说是一项不可小觑的挑战。

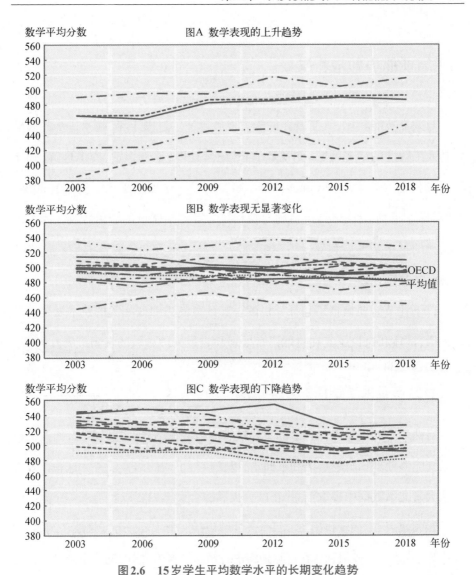

图2.6 15岁学生平均数学水平的长期变化趋势

注：平均数学分数是指参加所有"国际学生评估项目"数学测评的29个OECD成员国的平均数学分数。根据平均表现的三年平均趋势，将各国数学表现的变化趋势分为上升、无显著变化或下降三类。其中，三年平均趋势是通过线性回归计算每三年的平均变化，时间跨度是从"国际学生评估项目"的最早开展时间到2018年。图A显示三年趋势呈现显著上升，图B显示三年趋势无显著变化，图C显示三年趋势呈现显著下降。

来源：OECD (2019[8]), *PISA 2018 Results (Volume I): What Students Know and Can Do*, PISA, Table I.B1.11, PISA, OECD Publishing, Paris, https://doi.org/10.1787/5f07c754-en.

StatLink 🔗 https://stat.link/dioz4m

人工智能能力的最新发展

与人类技能相比,人工智能的能力发展迅速。过去十年,技术进步的浪潮席卷人工智能的诸多领域,如视觉、自然语言处理、语音识别、图像理解、强化学习和机器人技术等(Littman et al.,2022[12])。这促进了人工智能在翻译、游戏、医学诊断、股票交易、自动驾驶和科学等各个领域的应用普及。因为人工智能的这些新发展和部署,一些观察人士将其称为"深度学习的黄金十年"(Dean,2022[13])。

以下几节简要概括了与计算机读写和计算能力演变相关的技术发展。具体来说,描述和讨论了其在自然语言处理和定量推理领域的最新进展。

自然语言处理领域的最新进展

自然语言处理是人工智能的重要领域。它旨在培养计算机能力,使人工智能系统能够处理和解释口语和书面语,以便执行不同的语言任务。这些任务包括从大量文本数据中提取信息、正确分类和综合文本内容以及与人类交流。

该领域由不同子领域组成,每个子领域包括一个主要任务或挑战。例如,同样作为子领域,语音识别旨在可靠地将语音数据转换为文本,问答系统则会针对文本或语音中提出的问题自动检索或生成答案。因为自然语言技术通常在有限领域内发展并专注于特定任务,所以对它们的性能进行评估是依据特定领域的基准测试程序,这些基准测试程序奠定了在该领域内比较不同方法的标准。基准测试程序是测试数据集,系统基于此执行一个或一组任务(见专栏2.1中的示例任务)。

在过去几年里,自然语言处理技术经历了一次重大飞跃。在许多领域,人

专栏2.1　自然语言处理基准测试程序中的示例任务

通用语言理解评估数据集（超级通用语言理解评估数据集）（Wang et al., 2019[17]）

文本：巴格斯（Barq's）是一种美国软饮料。它的麦根沙士品牌以含有咖啡因而著称。巴格斯由爱德华·巴尔克（Edward Barq）创建，由巴尔克家族所有，自20世纪初以来一直采用瓶装，由可口可乐公司负责为其装瓶。直到2012年，它才被称为巴格斯著名老时光麦根沙士（Barq's Famous Olde Tyme Root Beer）。

问题：巴格斯的麦根沙士是百事可乐的产品吗？

回答：不是。

斯坦福问答系统数据集（SQuAD）2.0（Rajpurkar, Jia and Liang, 2018[15]）

文本：南加利福尼亚州（Southern California），通常缩写为南加州（SoCal），是一个地理和文化区域，通常包括加利福尼亚州最南部的10个县。基于人口统计和经济联系，该地区传统上被描述为"八县"：因皮里尔（Imperial）、洛杉矶（Los Angeles）、奥兰治（Orange）、里弗赛德（Riverside）、圣贝纳迪诺（San Bernardino）、圣迭戈（San Diego）、圣巴巴拉（Santa Barbara）和文图拉（Ventura）。更广泛的10个县的定义，还包括克恩（Kern）和圣路易斯奥比斯波（San Luis Obispo）两个县，同样是基于历史上的政治划分。南加州是加利福尼亚州和美国的主要经济中心。

问题：南加州对加利福尼亚州和美国的重要意义是什么？

回答:经济中心。

斯坦福自然语言推理(SNLI)语料库(Bowman et al., 2015[18])

文本:一个男人在东亚某个国家检查一个人的制服。

假设:这个男人正在睡觉。

回答:矛盾。

合理替代选择(Choice of Plausible Alternatives, 简称COPA),(Roemmele, Adrian Bejan and S. Gordon, 2011[23])

前提:这个人的脚趾骨折了。骨折的原因是什么?

选项1:他的袜子破了一个洞。

选项2:他把锤子掉在了脚上。

回答:选项2。

教师完形填空测试(The Cloze Test by Teachers, 简称CLOTH)基准测试(Xie et al., 2017[24])

文本:南希刚刚在一家公司找到一份秘书的工作。星期一是她上班的第一天,所以她非常……并且很早就到了。

问题:A. 沮丧   B. 备受鼓舞   C. 兴奋   D. 惊讶

回答:C。

工智能系统的表现已经超过用于测量它的测试(Zhang et al., 2022[1])。在问答系统方面,2016年首次发布了基准测试程序(Rajpurkar et al., 2016[14]; Rajpurkar, Jia and Liang, 2018[15]),但是人工智能系统的进步如此迅速,以至于仅仅过了两年,研究人员就推出了更具突破性的斯坦福问答系统数据集(Stanford Question Answering Dataset, 简称SQuAD)。斯坦福问答系统数据集2.0[3]显示,仅用一年,人工智能系统的表现就达到人类水平。同样,人工智能一年内就在通用语言理解评估(general language understanding evaluation, 简称GLUE)中击败了人类,不久之后,在升级版的超级通用语言理解评估(SuperGLUE)中再次与人类交锋时,亦是告捷。[4]这两个基准测试程序均采用多个不同的任务测试系统,例如问答系统和常识阅读理解系统(Wang et al., 2018[16]; Wang et al., 2019[17])。

　　人工智能在自然语言推理(natural language inference)方面的表现也有所提高。自然语言推理就是要"理解"句子之间的关系,例如两个句子是否相互矛盾或相互限定。斯坦福自然语言推理(Stanford Natural Language Inference, 简称SNLI)(Bowman et al., 2015[18])和溯因自然语言推理(Abductive Natural Language Inference, 简称aNLI)(Bhagavatula et al., 2019[19])等基准测试程序都证明了这一点。人工智能在文本摘要、文本翻译和文本情感分析方面也取得了显著进展(Zhang et al., 2022[1])。

　　大型预训练语言模型的出现推动了自然语言处理领域的这一突破,这些模型包括彼得斯等人(Peters et al., 2018[20])的基于语言模型的嵌入(embeddings from language models, 简称ELMo)、雷德福等人(Radford et al., 2018[21])的GPT(生成式预训练转换器)和德夫林等人(Devlin et al., 2018[22])的基于转换器的双向编码表征(bidirectional encoder representations from transformers, 简称BERT)。这些模型被用于进一步开发聚焦于特定任务和领域的自然语言处理系统。确切来说,它们要接受训练,通过大量未标记的文本数据来"学习"通用语言模式和单词语义。此外,这些模型可通过"微调"运用于下游任务,这意味着它们可以通过额外的训练来完成目标任务。这种微调或额外训练使用特定领域的训练数据,使得一般预训练模型可以学习新领域中的常见词汇、习惯用语和句法结构。

这些大型模型的引入极大地推动了自然语言处理前沿技术的发展。嵌入式语言模型于2018年被首次引入,它助力自然语言处理在问答系统、文本蕴含和情感分析领域的各种任务中超越了系统性能(Storks, Gao and Chai, 2019[25])。GPT的发布优化了人工智能在12个基准测试程序中的表现,这些基准测试程序包括通用语言理解评估、斯坦福自然语言推理和合理替代选择(COPA)的基准测试程序(Roemmele, Bejan and Gordon, 2011[23])。其中,合理替代选择的基准测试程序侧重评估常识性因果推理。其后,更新版GPT-2和GPT-3进一步改善了许多语言建模任务运算出的最先进结果。同样,当基于转换器的双向编码表征首次发布时,它的表现在多项基准测试程序中均名列前茅,这些测试程序包括通用语言理解评估、斯坦福问答系统数据集、合理替代选择、侧重常识推理的对抗生成情境(situations with adversarial generation, 简称SWAG)(Zellers et al., 2018[26])和作为初高中英语水平考试问题集的教师完形填空测试等(Xie et al., 2017[24])。

值得注意的是,在没有大量额外训练的情况下,这些模型在新任务中表现依然良好。例如,在没有任何后续微调的情况下,GPT-3在许多语言任务中表现出色。事实上,在许多情况下,它可以击败为该任务设计的最先进的系统(Brown et al., 2020[27])。在只提供新任务的一个演示或少量先前示例(通常为10～100个)的情况下,它的表现甚至更加亮眼。

即使没有针对多项特定任务进行过训练,预训练语言模型也可以执行这些任务,这是它的另一个显著特点。在上面的示例中,没有进行微调的GPT-3在多项任务中表现都非常出色,这些任务包括翻译、问答、阅读理解、推理或三位数算术。语言模型的这些特性为创建更通用的人工智能系统提供了途径——即使不开展大量额外的训练,这些系统也可以适应新情况,并解决不同领域的问题。

预训练语言模型的成功主要归功于自监督学习的运用。这使得可以使用前所未有数量的数据来训练模型。在自监督学习中，神经网络模型利用部分内容被隐藏的文本进行训练。模型的任务是根据上下文预测被隐藏的单词。通过这种方式，模型"学习"语法规则和语义。这种方法不需要人工标记训练示例的真或假，从而使更多训练数据的使用成为可能。此外，只训练一次大幅削减了开发系统所需的成本和时间。研究人员只要下载一个通用预训练语言模型，并用少量特定领域的数据对其进行微调，就可以将其用于特定任务。

转换器架构是最先进的自监督方法之一，使用也最为广泛。基于转换器的双向编码表征和GPT都是在转换器上进行预训练的。其关键特征是"自我关注"机制，它可以捕获单词之间的远程依赖关系（例如，句子中相隔很远的单词）（Littmanet al., 2022[12]）。此外，转换器和类似的架构也允许在上下文中学习词语的含义。例如，词语"rose"在句子"Roses are red（玫瑰是红色的）"和"The sun rose（太阳升起来了）"中的意思不同。这是先前基于单词嵌入的预训练模型——如单词向量转换（word2vec）——并不具备的显著优势（Mikolov et al., 2013[28]）。在单词向量转换这样的模型中，单词用相同的向量表示，与它们所在的上下文无关。

虽然这些新方法极大地推动了自然语言处理领域的发展，但它们生成的人工智能系统的水平，仍远远落后于人类处理语言的水平。这是因为自然语言处理系统仍缺乏对语音和文本的深刻理解，这限制了它们执行需要常识性知识和复杂推理的更高级语言任务的能力。

人工智能在数学推理方面的最新发展

自动化数学推理的研究历史悠久，成果显著。这些成果包括开发可以执行数值运算和符号数学运算(numerical and symbolic mathematical operations)的工具,如枫叶(Maple)、数学软件(Mathematica)和矩阵实验(Matlab)等。人们还在自动定理证明方面投入了大量精力,取得了重大成就,例如证明四色定理等(Appel and Haken, 1977[29])。本节仅关注与"国际成人能力测评项目"计算能力测试相当的数学基准测试程序。

从人工智能研究的角度来看,数学问题可以大致分为以下几类(Davis, 2023[30]):

- 符号问题:用数学符号表示的问题,很少使用自然语言。例如,"解: $x^3 - 6x^2 + 11x - 6 = 0$"。

- 应用题:使用(超过最低限度的)自然语言,并可能与符号结合陈述的问题。

  ○ 纯粹数学应用题:很少涉及非数学概念的问题。例如,"找出一个质数p,使得$p+36$是一个平方数"。

  ○ 现实世界中的应用题:需要使用非数学知识来解决的问题。

  ○ 常识应用题(commonsense word problems,简称CSW):涉及大量常识和可能众所周知的事,但不涉及百科全书式的或专业性的知识。解决初等常识应用题只需要初等数学知识(Davis, 2023[30])。

自20世纪60年代以来,研究人员一直试图开发解决数学应用题的系统(Davis, 2023[30])。然而,在过去二十年中,机器学习技术的主导地位也影响了数学推理领域的人工智能研究。因此,最近的研究纷纷将目标锁定在将大规模的预训练语言模型推广到数学问题和自然语言的定量研究中(Lewkowycz et al., 2022[31]; Saxton et al., 2019[32])。尽管还有其他类型的人工智能研究,但本小结重点关注最新研究成果,突出特点是关注一些著名的基准测试程序和深度/机器学习系统在这些测试中的表现(见专栏2.2)。

专栏2.2 数学推理基准测试程序中的示例任务

"数学"数据集(MATH Dataset)(Hendrycks et al., 2021[35])

问题:汤姆有一个红色弹珠、一个绿色弹珠、一个蓝色弹珠和三个相同的黄色弹珠。汤姆可以选择多少种不同的两个弹珠组合?

解答:这里分两种情况:汤姆可以选择两个黄色弹珠(1种组合),也可以选择两个不同颜色的弹珠$[\binom{4}{2} = 6$种组合$]$。所以,汤姆可以选择的不同弹珠组合的总数是$1 + 6 = 7$。

GSM8K(Cobbe et al., 2021[36])

问题:贝丝在一周内烤了4份2打曲奇饼干。如果这些饼干平均分给16个人,每个人可以吃多少块饼干?

解答:贝丝一共烤了4份2打曲奇饼干,共计$4*2 = 8$打饼干。一打饼干有12块,她做了8打饼干,共计$12*8 = 96$块饼干。她将96块饼干平均分给16个人,每个人可以吃$96/16 = 6$块饼干。

萨克斯顿等人(Saxton et al., 2019[32])

问题:已知$-42*r + 27*c = -1\ 167$和$130*r + 4*c = 372$,求r。

答案:4。

"数学问答"(MathQA)(Amini et al., 2019[37])

问题:以48千米/时的速度行驶的火车在9秒内穿过一个杆子。火车的长度是多少?

A. 140　　B. 130　　C. 120　　D. 170　　E. 160

答案：C。

"数字胶"（NumGLUE）（Mishra et al., 2022[38]）

问题：一个人可以用两只手分别拿一个箱子。5个人的团队最多可以拿多少个箱子？

答案：10。

相比语言建模或视觉，数学推理在人工智能研究中受到的关注较少，因为它的适用性相对较差，商业用途也较少。然而，一些人工智能专家认为，数学推理给人工智能带来了有趣的挑战（Saxton et al., 2019[32]）。它需要学习、规划、推理和运用定律、公理和数学规则等能力，这些能力可以使系统更强大、更先进，进而解决更复杂的实际问题。

数学通常被认为是人工智能的难点（Choi, 2021[33]）。"深度思考科技"（DeepMind Technologies）是谷歌旗下聚焦人工智能的公司，2019年其研究人员测试了最先进的自然语言处理模型在数学领域的表现（Saxton et al., 2019[32]）。为此，他们开发了一个测试数据集，包括代数、算术、微积分、比较和测量等领域的问题。此外，他们还评估了系统的表现，这些系统主要针对英国16岁学生参加的公开数学考试。在研究中表现最好的模型是转换器（the Transformer），它在测试数据集上取得了中等水平的成绩，但并未通过学校的数学考试，40道题只答对了14道（O'Neill, 2019[34]）。

为了促进该领域的研究，美国加利福尼亚大学伯克利分校的研究人员在2021年推出了一个名为"数学"（MATH）的测试数据集，包含12 500道数学难题（Hendrycks et al., 2021[35]）。这些问题以文本格式呈现，涵盖数学的不同领域。大型语言模型是在数学内容和"数学"测试提供的示例上进行预训练的，发布时，在基准测试程序中的准确率仅为3%～6.9%，效果较差。但是，"数学"对人类来说也是一项挑战。一位三届国际数学奥林匹克竞赛的冠军得主在测试中的准确率为90%，而一位计算机科学博士生的准确率为40%。

同样，2021年，著名人工智能研究实验室OpenAI的研究人员发布了小学数学题数据集（GSM8K），一个由8 500道小学水平的不同数学问题组成的数据集，以文本形式呈现（Cobbe et al.，2021[36]）。这些问题需要采用一系列简单的算术运算来解答。它们普遍比"数学"测试的问题更容易。例如，一个成绩优秀的中学生有望正确解答测试中的所有问题。然而，当该测试发布时，不同人工智能的方法相互竞争，但在测试中都只取得了低等至中等水平的成绩。

一些发展说明了大型语言模型在数学推理领域的落地情况。2022年，谷歌推出了Minerva（密涅瓦），这是一个在通用自然语言数据上进行预训练，并在技术内容上进行进一步微调的大型语言模型（Lewkowycz et al.，2022[31]）。截至2023年2月21日，该模型在"数学"基准测试程序中排名第一。[5]此外，Minerva在大规模多任务语言理解数据集（Massive Multitask Language Understanding Dataset）的问题上表现也颇为不俗，这些问题涉及工程、化学、物理、生物和计算机科学等领域（Hendrycks et al.，2021[35]）。该模型在波兰国家数学考试中的准确率是57%，相当于2021年人类的平均水平。

同年，OpenAI开发的系统Codex（Chen et al.，2021[39]）回答下述问题的准确率很高，这些问题来自"数学"数据集（Hendrycks et al.，2021[35]）的子集以及大学水平的数学课程（Drori et al., 2021[40]）。该模型是一个神经网络，不但在文本上进行了预训练，而且在公开可用的代码上进行了微调。虽然该系统的成就得到社会认可，但其宣称的优异表现受到多方面的质疑（Davis, 2022[41]）。对该系统的批评包括，该系统解决问题依靠的是数学工具（Python代数包）的调用而不是神经网络，以及该系统可能基于测试语料库中记录的正确答案来运行。此外，作为语言模型，Minerva和Codex都受到文本输入的限制，无法处理图表和图形，而它们通常是数学问题的基本元素。

更近一些时间，2022年，里拉数据推理基准（LILA）组合了几个数据集。该数据推理基准包含23个现有基准测试程序，涵盖各种语言复杂性和数学难度（Mishra et al., 2022[42]）。Codex、GPT-3、Neo-P和Bashkara（巴什卡拉）等系统在里拉数据推理基准的不同数学领域中取得了不同程度的成功（Davis, 2023[30]）。

尽管取得了一些成功，但在数学问题上，人工智能仍远未达到精通的水平。例如，"数学"或里拉数据推理基准的最优结果仍远低于基准测试程序的上限。在小学数学题数据集上的表现也有改进空间。迄今为止，没有人工智能系统可以可靠地解决基本的常识应用题（Davis, 2023[30]）。此外，该领域主要的基准测试程序关注以文本形式陈述的定量问题——数学应用题，而忽略了其他数学任务。特别是那些包括视觉信息的数学任务，如包括图形、表格、图表或其他图像的数学问题，受到的关注较少。

测量人工智能能力的重要性

本章的分析表明，随着时间的推移，核心领域的人工智能能力比人类技能发展得要迅猛很多。在过去二十年中，只有少数国家的成人、成年劳动者和年轻人的读写能力和计算能力有所提高。这凸显出提高一个经济体中的技能供给对政策制定者和教育提供者来说是一项不容小觑的任务。同时，人工智能技术迅速发展，不断超越自身，并不断获得新能力。过去五年，自然语言处理领域取得了巨大突破，提高了人工智能在读写方面的能力。在计算领域，虽然技术进步的幅度较小，但它仍在不断发展。

这些发展给政策和教育带来了重要问题：

- 在工作中使用的重要能力方面，人工智能的新能力是否会导致人类的大量技能水平低于人工智能？

- 大多数人需要接受哪些教育和培训，才能培养出一些超越人工智能和机器人的工作能力？

- 在未来几十年内，人工智能和机器人难以复制的人类能力是什么？

虽然本章侧重于技能供给方面，但之前的许多研究都是探讨技术变革对人类技能需求的影响。通常认为技术变革是有任务偏向的，这意味着较其他任务，机器在某些任务中更能替代劳动者（Autor，Levy and Murnane，2003[43]；Frey and Osborne，2017[44]）。这将导致可自动化的任务对劳动者的需求减少。与此同时，与工作场所中机器部署和监控相关的工作对劳动者的需求将会增加。许多研究试图了解机器可以自动化哪些任务（请参见第一章）。这一探索影响重大：

- 哪些职业被自动化取代的风险高？

- 人工智能对哪一类劳动者的需求影响更大？是低技能劳动者还是高技能劳动者？是较年轻劳动者还是较年长劳动者？是受教育程度较高的劳动者还是受教育程度较低的劳动者？

- 人工智能的新能力如何改变人们工作所需的整体教育水平或能力
  类型？

对人工智能和机器人的能力进行系统测评，以便将其与人类技能进行比较，可以回答上述问题。下述研究展示如何利用标准化技能测评和专业知识来助力人工智能在人类技能的核心领域中的能力追踪。

参 考 文 献

- Amini, A. et al. (2019), "MathQA: Towards Interpretable Math Word Problem Solving with Operation-based Formalisms". https://aclanthology.org/N19-1245.pdf (accessed on 19 September 2023). [37]

- Appel, K. and W. Haken (1977), "The Solution of the Four-color-map Problem", *Scientific American*, Vol. 237/4, pp. 108–121, http://www.jstor.org/stable/24953967. [29]

- Autor, D., F. Levy and R. Murnane (2003), "The Skill Content of Recent Technological Change: An Empirical Exploration", *The Quarterly Journal of Economics*, Vol. 118/4, pp. 1279–1333, https://doi.org/10.1162/003355303322552801. [43]

- Bhagavatula, C. et al. (2019), "Abductive Commonsense Reasoning". https://arxiv.org/pdf/1908.05739v1.pdf (accessed on 19 September 2023). [19]

- Bowman, S. et al. (2015), "A Large Annotated Corpus for Learning Natural Language Inference". http://de.arxiv.org/pdf/1508.05326 (accessed on 19 September 2023). [18]

- Brown, T. et al. (2020), "Language Models Are Few-shot Learners". https://arxiv.org/pdf/2005.14165v3.pdf (accessed on 19 September 2023). [27]

- Chen, M. et al. (2021), "Evaluating Large Language Models Trained on Code". https://www.researchgate.net/publication/353066484_Evaluating_Large_Language_Models_Trained_on_Code (accessed on 19 September 2023). [39]

- Choi, C. (2021), *7 Revealing Ways AIs Fail. Neural Networks Can Be Disastrously Brittle, Forgetful, and Surprisingly Bad at Math*, IEEE Spectrum for the Technology

Insider, https://spectrum.ieee.org/ai-failures (accessed on 1 February 2023). [33]

- Cobbe, K. et al. (2021), "Training Verifiers to Solve Math Word Problems". https://www. semanticscholar.org/reader/d6045d2ccc9c09ca1671348de86d07da6bc28eea (accessed on 19 September 2023). [36]

- Davis, E. (2023), *Mathematics, Word Problems, Common Sense, and Artificial Intelligence*, https://arxiv.org/pdf/2301.09723.pdf (accessed on 28 February 2023). [30]

- Davis, E. (2022), *Limits of an AI Program for Solving College Math Problems*, https:// arxiv.org/pdf/2208.06906.pdf (accessed on 5 February 2023). [41]

- Dean, J. (2022), "A Golden Decade of Deep Learning: Computing Systems & Applications", *Daedalus*, Vol. 151/2, pp. 58–74, https://doi.org/10.1162/daed_a_01900. [13]

- Devlin, J. et al. (2018), "BERT: Pre-training of Deep Bidirectional Transformers for Language Understanding". https://arxiv.org/pdf/1810.04805.pdf (accessed on 19 September 2023). [22]

- Drori, I. et al. (2021), "A Neural Network Solves, Explains, and Generates University Math Problems by Program Synthesis and Few-shot Learning at Human Level", https:// doi.org/10.1073/pnas.2123433119. [40]

- Elliott, S. (2017), *Computers and the Future of Skill Demand*, Educational Research and Innovation, OECD Publishing, Paris, https://doi.org/10.1787/9789264284395-en. [6]

- Frey, C. and M. Osborne (2017), "The Future of Employment: How Susceptible Are Jobs to Computerisation?", *Technological Forecasting and Social Change*, Vol. 114, pp. 254–280, https://doi.org/10.1016/j.techfore.2016.08.019. [44]

- Hendrycks, D. et al. (2021), "Measuring Mathematical Problem Solving with the MATH Dataset". https://arxiv.org/pdf/2103.03874v2.pdf (accessed on 19 September 2023). [35]

- Lewkowycz, A. et al. (2022), "Solving Quantitative Reasoning Problems with Language Models". https://arxiv.org/pdf/2206.14858.pdf (accessed on 19 September 2023). [31]

- Littman, M. et al. (2022), "Gathering Strength, Gathering Storms: The One Hundred-year Study on Artificial Intelligence (AI100) 2021 Study Panel Report". https://arxiv. org/pdf/2210.17517.pdf (accessed on 19 September 2023). [12]

- Mikolov, T. et al. (2013), "Efficient Estimation of Word Representations in Vector

Space". https://arxiv.org/pdf/1301.3781v3.pdf (accessed on 19 September 2023). [28]

- Mishra, S. et al. (2022), "Lila: A Unified Benchmark for Mathematical Reasoning". https://arxiv.org/pdf/2210.17517.pdf (accessed on 19 September 2023). [42]

- Mishra, S. et al. (2022), "NumGLUE: A Suite of Fundamental yet Challenging Mathematical Reasoning Tasks". https://arxiv.org/pdf/2204.05660.pdf (accessed on 19 September 2023). [38]

- OECD (2023), *Adult Education Level* (indicator), https://doi.org/10.1787/36bce3fe-en (accessed on 1 February 2023). [2]

- OECD (2019), *PISA 2018 Assessment and Analytical Framework*, PISA, OECD Publishing, Paris, https://doi.org/10.1787/b25efab8-en. [9]

- OECD (2019), *PISA 2018 Results (Volume I): What Students Know and Can Do*, PISA, OECD Publishing, Paris, https://doi.org/10.1787/5f07c754-en. [8]

- OECD (2016), *The Survey of Adult Skills: Reader's Companion, Second Edition*, OECD Skills Studies, OECD Publishing, Paris, https://doi.org/10.1787/9789264258075-en. [4]

- OECD (2013), *Technical Report of the Survey of Adult Skills* (PIAAC), https://www.oecd.org/skills/piaac/_Technical%20Report_17OCT13.pdf (accessed on 1 February 2023). [5]

- OECD (2013), *The Survey of Adult Skills: Reader's Companion*, OECD Publishing, Paris, https://doi.org/10.1787/9789264204027-en. [10]

- OECD (2012), *Better Skills, Better Jobs, Better Lives: A Strategic Approach to Skills Policies*, OECD Publishing, Paris, https://doi.org/10.1787/9789264177338-en. [3]

- O'Neill, S. (2019), "Mathematical Reasoning Challenges Artificial Intelligence", *Engineering*, Vol. 5/5, pp. 817–818, https://doi.org/10.1016/j.eng.2019.08.009. [34]

- Paccagnella, M. (2016), "Literacy and Numeracy Proficiency in IALS, ALL and PIAAC", *OECD Education Working Papers*, No. 142, OECD Publishing, Paris, https://doi.org/10.1787/5jlpq7qglx5g-en. [7]

- Peters, M. et al. (2018), "Deep Contextualized Word Representations". https://arxiv.org/pdf/1802.05365.pdf (accessed on 19 September 2023). [20]

- Radford, A. et al. (2018), *Improving Language Understanding by Generative Pre-*

training, https://s3-us-west-2.amazonaws.com/openai-assets/research-covers/ language-unsupervised/language_understanding_paper.pdf (accessed on 1 February 2023).　[21]

- Rajpurkar, P., R. Jia and P. Liang (2018), "Know What You Don't Know: Unanswerable Questions for SQuAD". https://aclanthology.org/P18-2124.pdf (accessed on 19 September 2023).　[15]

- Rajpurkar, P. et al. (2016), "SQuAD: 100,000+ Questions for Machine Comprehension of Text". https://www.researchgate.net/publication/304018244_SQuAD_100000_ Questions_for_Machine_Comprehension_of_Text (accessed on 19 September 2023). [14]

- Roemmele, M., C. Adrian Bejan and A. S. Gordon (2011), *Choice of Plausible Alternatives: An Evaluation of Commonsense Causal Reasoning*, http://commonsensereasoning.org/2011/ papers/Roemmele.pdf (accessed on 1 February 2023).　[23]

- Saxton, D. et al. (2019), "Analysing Mathematical Reasoning Abilities of Neural Models". https://openreview.net/pdf?id=H1gR5iR5FX (accessed on 19 September 2023).　[32]

- SQuAD2.0 (2023), *The Stanford Question Answering Dataset. Leaderboard*, https:// rajpurkar.github.io/SQuAD-explorer/ (accessed on 21 January 2023).　[45]

- Storks, S., Q. Gao and J. Chai (2019), "Recent Advances in Natural Language Inference: A Survey of Benchmarks, Resources, and Approaches". https://www. researchgate.net/publication/332169673_Recent_Advances_in_Natural_Language_ Inference_A_Survey_of_Benchmarks_Resources_and_Approaches" (accessed on 19 September 2023).　[25]

- US Department of Education, National Center for Education Statistics, Statistics Canada and OECD (2020), *Program for the International Assessment of Adult Competencies (PIAAC), Adult Literacy and Life Skills Survey (ALL) 2003–2008 and PIAAC 2012–2017 Literacy, Numeracy, and Problem Solving TRE Assessments*, https://nces.ed.gov/surveys/ piaac/ideuspiaac (accessed on 31 August 2022).　[11]

- Wang, A. et al. (2019), "SuperGLUE: A Stickier Benchmark for General-purpose Language Understanding Systems". https://arxiv.org/pdf/1905.00537.pdf (accessed on 19 September 2023).　[17]

- Wang, A. et al. (2018), "GLUE: A Multi-task Benchmark and Analysis Platform for Natural Language Understanding". https://arxiv.org/pdf/1804.07461.pdf (accessed on 19 September 2023).　[16]

- Xie, Q. et al. (2017), "Large-scale Cloze Test Dataset Created by Teachers". https://aclanthology.org/D18-1257.pdf (accessed on 19 September 2023).　[24]

- Zellers, R. et al. (2018), "SWAG: A Large-scale Adversarial Dataset for Grounded Commonsense Inference". https://arxiv.org/pdf/1808.05326.pdf(accessed on 19 September 2023).　[26]

- Zhang, D. et al. (2022), "The AI Index 2022 Annual Report", https://aiindex.stanford.edu/wpcontent/uploads/2022/03/2022-AI-Index-Report_Master.pdf (accessed on 20 February 2023).　[1]

附录2.A　补充表格

附录表 **2.A.1**　第二章在线表格列表 *

表格编号	表　格　标　题
表A2.1	基于IALS和PIAAC的成人读写能力水平分布
表A2.2	基于IALS和PIAAC的劳动者读写能力水平分布
表A2.3	不同国家在PISA中的阅读平均分数和阅读表现的三年平均趋势（2000—　）
表A2.4	不同国家在PISA中的数学平均分数和数学表现的三年平均趋势（2003—　）

StatLink ▦▥ https://stat.link/cl96uw

---

* 编者注：本附录表中所列四个表格在英文版中为在线表格，纸质版图书中未附上。为便于读者对照阅读，简体中文版予以译出并附于此。

表 A2.1　基于 IALS 和 PIAAC 的成人读写能力水平分布

国家和经济体	国际成人读写能力调查								国际成人能力测评项目							
	一级及以下		二级		三级		四到五级		一级及以下		二级		三级		四到五级	
	%	标准误差	%	标准误差	%	标准误差	%	标准误差	%	标准误差	%	标准误差	%	标准误差	%	标准误差
澳大利亚	16.0	(0.6)	30.0	(0.7)	40.4	(0.8)	13.6	(0.5)	12.8	(0.6)	29.7	(0.7)	40.1	(0.9)	17.3	(0.8)
加拿大	16.1	(1.4)	24.1	(2.3)	39.7	(2.2)	20.1	(1.9)	16.5	(0.5)	32.0	(0.7)	37.6	(0.7)	13.9	(0.5)
智利	49.6	(1.9)	36.8	(1.4)	12.5	(1.2)	1.1	(0.4)	53.5	(1.9)	31.9	(1.2)	13.0	(1.5)	1.6	(0.4)
捷克共和国	11.6	(0.9)	34.6	(1.4)	42.5	(1.4)	11.3	(0.9)	11.9	(0.8)	37.7	(1.6)	41.7	(1.4)	8.7	(0.8)
丹麦	7.2	(0.7)	26.6	(1.1)	48.5	(1.2)	17.7	(0.9)	15.8	(0.6)	34.1	(0.9)	40.1	(0.8)	10.0	(0.5)
英格兰（英国）	21.6	(1.1)	29.9	(1.2)	34.2	(1.1)	14.3	(0.9)	16.6	(0.8)	33.6	(1.0)	36.5	(1.0)	13.4	(0.7)
芬兰	10.6	(0.6)	25.2	(0.9)	43.3	(1.0)	20.9	(0.8)	10.6	(0.5)	26.5	(0.9)	40.7	(0.8)	22.2	(0.6)
佛兰德（比利时）	15.0	(1.7)	27.6	(3.4)	42.9	(3.3)	14.6	(1.7)	14.8	(0.6)	31.2	(0.8)	40.9	(1.0)	13.1	(0.6)
德国	9.6	(0.9)	33.4	(1.3)	41.5	(1.6)	15.5	(1.0)	17.8	(0.8)	34.4	(1.0)	37.0	(1.0)	10.8	(0.6)
爱尔兰	22.1	(2.0)	32.2	(1.8)	34.5	(1.7)	11.2	(1.5)	17.5	(0.9)	37.7	(0.9)	36.2	(0.9)	8.5	(0.5)
意大利	33.8	(1.5)	34.5	(1.4)	27.1	(1.4)	4.6	(0.5)	27.9	(1.1)	42.3	(1.0)	26.5	(1.0)	3.3	(0.4)

续 表

国家和经济体	国际成人读写能力调查								国际成人能力测评项目							
	一级及以下		二级		三级		四到五级		一级及以下		二级		三级		四到五级	
	%	标准误差	%	标准误差	%	标准误差	%	标准误差	%	标准误差	%	标准误差	%	标准误差	%	标准误差
荷兰	9.4	(0.7)	26.3	(1.0)	48.0	(1.3)	16.2	(1.0)	11.9	(0.5)	27.0	(0.7)	42.4	(0.8)	18.6	(0.7)
新西兰	20.4	(1.0)	34.3	(1.1)	32.9	(1.2)	12.4	(0.8)	12.1	(0.6)	30.8	(0.8)	41.1	(1.0)	16.1	(0.7)
北爱尔兰（英国）	23.2	(1.0)	30.8	(1.3)	34.0	(1.1)	12.0	(0.8)	17.8	(1.2)	37.0	(1.5)	35.1	(1.7)	10.1	(0.7)
挪威	7.5	(0.6)	20.9	(1.4)	48.0	(1.5)	23.7	(1.0)	12.5	(0.6)	30.9	(0.8)	42.6	(0.9)	14.0	(0.6)
波兰	41.1	(1.1)	34.9	(1.1)	20.6	(0.9)	3.4	(0.5)	18.8	(0.6)	36.5	(0.9)	35.0	(0.9)	9.7	(0.5)
斯洛文尼亚	40.1	(1.2)	36.1	(1.2)	21.5	(1.2)	2.3	(0.3)	25.1	(0.8)	37.9	(0.8)	31.4	(0.8)	5.6	(0.4)
瑞典	5.3	(0.6)	18.3	(0.9)	42.0	(1.0)	34.3	(1.0)	13.3	(0.6)	29.1	(1.0)	41.6	(0.9)	16.1	(0.6)
美国	19.3	(0.9)	27.0	(1.4)	35.9	(1.5)	17.8	(1.2)	18.3	(0.8)	34.0	(1.2)	35.7	(1.0)	12.0	(0.7)
OECD平均值	20.0	(0.3)	29.7	(0.3)	36.3	(0.3)	14.1	(0.2)	18.2	(0.2)	33.4	(0.2)	36.6	(0.2)	11.8	(0.1)

来源：摘自 Elliott, S. (2017[6]), *Computers and the Future of Skill Demand*, Educational Research and Innovation, OECD Publishing, Paris, https://doi.org/10.1787/9789264284395-en.

表A2.2 基于IALS和PIAAC的劳动者读写能力水平分布

国家和经济体	国际成人读写能力调查								国际成人能力测评项目								从"国际成人读写能力调查"到"国际成人能力测评项目"的变化							
	一级及以下		二级		三级		四到五级		一级及以下		二级		三级		四到五级		一级及以下		二级		三级		四到五级	
	%	标准误差	%	标准误差	%	标准误差	%	标准误差	%	标准误差	%	标准误差	%	标准误差	%	标准误差	百分比数值	显著性	百分比数值	显著性	百分比数值	显著性	百分比数值	显著性
澳大利亚	11.0	(0.5)	29.0	(0.8)	44.0	(0.9)	15.9	(0.6)	10.0	(0.6)	28.4	(0.8)	42.4	(1.0)	19.2	(0.9)	-1.0	0.201	-0.7	0.569	-1.6	0.230	3.3	0.003
加拿大	11.2	(1.3)	22.7	(2.9)	42.4	(2.1)	23.7	(2.1)	14.1	(0.4)	31.1	(0.6)	39.5	(0.7)	15.3	(0.5)	2.9	0.032	8.4	0.004	-2.9	0.200	-8.4	0.000
智利	46.9	(1.6)	37.8	(1.6)	14.0	(1.3)	1.3	(0.4)	51.0	(2.0)	33.4	(1.3)	13.8	(1.6)	1.8	(0.6)	4.0	0.113	-4.4	0.034	-0.2	0.904	0.6	0.418
捷克共和国	10.2	(0.9)	34.4	(1.8)	43.9	(1.6)	11.4	(1.1)	10.4	(1.0)	37.2	(1.9)	43.0	(1.7)	9.4	(0.9)	0.2	0.857	2.7	0.295	-1.0	0.685	-2.0	0.166
丹麦	5.3	(0.7)	24.1	(1.1)	50.9	(1.2)	19.7	(1.0)	12.5	(0.6)	33.2	(0.9)	42.9	(1.0)	11.4	(0.6)	7.2	0.000	9.1	0.000	-8.0	0.000	-8.3	0.000
英格兰(英国)	15.6	(1.0)	28.4	(1.4)	38.6	(1.3)	17.5	(1.1)	13.3	(0.8)	32.5	(1.2)	38.8	(1.2)	15.4	(0.9)	-2.3	0.091	4.2	0.021	0.1	0.932	-2.0	0.156
芬兰	6.0	(0.5)	23.6	(1.0)	46.8	(1.2)	23.5	(0.9)	7.3	(0.5)	24.5	(0.9)	43.1	(0.9)	25.0	(0.7)	1.3	0.057	0.9	0.520	-3.7	0.014	1.5	0.185
佛兰德(比利时)	9.3	(1.2)	26.1	(3.2)	47.4	(2.9)	17.2	(1.4)	11.9	(0.7)	30.4	(1.0)	42.7	(1.1)	15.0	(0.8)	2.6	0.050	4.3	0.202	-4.7	0.134	-2.2	0.194
德国	6.9	(1.1)	32.0	(1.9)	43.2	(2.1)	17.9	(1.5)	15.0	(0.8)	34.0	(1.1)	39.1	(1.1)	11.8	(0.7)	8.1	0.000	2.0	0.351	-4.1	0.090	-6.1	0.000
爱尔兰	15.4	(2.0)	30.1	(2.4)	39.5	(2.0)	15.0	(2.1)	13.5	(0.9)	36.1	(1.0)	39.8	(1.2)	10.6	(0.8)	-1.9	0.388	6.0	0.020	0.3	0.908	-4.4	0.048
意大利	27.4	(1.9)	36.7	(1.9)	30.5	(2.0)	5.3	(0.7)	25.9	(1.5)	40.6	(1.3)	29.3	(1.3)	4.2	(0.5)	-1.5	0.533	3.8	0.102	-1.2	0.612	-1.1	0.184

续 表

国家和经济体	国际成人读写能力调查								国际成人能力测评项目								从"国际成人读写能力调查"到"国际成人能力测评项目"的变化							
	一级及以下		二级		三级		四到五级		一级及以下		二级		三级		四到五级		一级及以下		二级		三级		四到五级	
	%	标准误差	%	标准误差	%	标准误差	%	标准误差	%	标准误差	%	标准误差	%	标准误差	%	标准误差	百分比数值	显著性	百分比数值	显著性	百分比数值	显著性	百分比数值	显著性
荷兰	6.2	(0.7)	21.9	(1.2)	52.2	(1.6)	19.8	(1.4)	9.1	(0.6)	24.9	(0.8)	44.9	(0.8)	21.0	(0.7)	3.0	0.001	3.0	0.027	-7.3	0.000	1.3	0.421
新西兰	12.9	(1.1)	28.4	(1.3)	41.2	(1.5)	17.5	(1.1)	9.9	(0.6)	29.6	(0.9)	42.9	(1.1)	17.6	(0.8)	-2.9	0.019	1.1	0.470	1.6	0.395	0.2	0.899
北爱尔兰（英国）	17.0	(1.3)	30.3	(1.5)	37.9	(1.3)	14.7	(1.1)	13.9	(1.2)	34.9	(1.9)	38.9	(2.0)	12.2	(0.9)	-3.1	0.080	4.6	0.057	1.0	0.677	-2.5	0.091
挪威	5.3	(0.6)	19.1	(1.4)	49.8	(1.5)	25.9	(1.1)	10.1	(0.5)	29.4	(0.8)	45.0	(1.0)	15.6	(0.7)	4.8	0.000	10.3	0.000	-4.8	0.006	**-10.3**	0.000
波兰	37.9	(1.6)	36.3	(1.6)	21.9	(1.2)	3.9	(0.6)	16.1	(0.9)	36.1	(1.2)	36.5	(1.1)	11.3	(0.7)	-21.8	0.000	-0.2	0.902	14.6	0.000	**7.4**	0.000
斯洛文尼亚	34.0	(1.5)	39.2	(1.5)	24.2	(1.6)	2.5	(0.4)	21.9	(1.0)	38.0	(1.1)	33.6	(1.0)	6.5	(0.5)	-12.1	0.000	-1.2	0.528	9.3	0.000	**4.0**	0.000
瑞典	3.6	(0.5)	16.5	(1.0)	43.2	(1.2)	36.7	(1.2)	9.7	(0.5)	27.6	(1.1)	44.2	(1.0)	18.5	(0.7)	6.1	0.000	11.1	0.000	1.0	0.518	**-18.2**	0.000
美国	15.4	(1.2)	25.6	(1.4)	38.6	(1.7)	20.4	(1.4)	15.8	(0.9)	32.7	(1.4)	38.1	(1.2)	13.4	(0.9)	0.4	0.772	7.1	0.000	-0.5	0.808	**-7.0**	0.000
OECD平均值	15.7	(0.3)	28.5	(0.4)	39.5	(0.4)	16.3	(0.3)	15.3	(0.2)	32.3	(0.3)	38.9	(0.3)	13.4	(0.2)	-0.3	0.372	**3.8**	0.000	-0.6	0.182	**-2.9**	0.000

来源：摘自 Elliott, S. (2017[6]), *Computers and the Future of Skill Demand*, Educational Research and Innovation, OECD Publishing, Paris, https://doi.org/10.1787/9789264284395-en.

表 A2.3 不同国家在 PISA 中的阅读平均分数和阅读表现的三年平均趋势（2000— ）

基于"国际学生评估项目"周期的阅读表现

OECD	国际学生评估项目 2000		国际学生评估项目 2003		国际学生评估项目 2006		国际学生评估项目 2009		国际学生评估项目 2012		国际学生评估项目 2015		国际学生评估项目 2018		"国际学生评估项目"中阅读表现[1]的三年平均趋势（自2000年或最早的评估时间起）		
	平均分	标准误差	平均分	标准误差	平均分	标准误差	平均分	标准误差	平均分	标准误差	平均分	标准误差	平均分	标准误差	系数	标准误差	显著性
澳大利亚	528	(3.5)	525	(2.1)	513	(2.1)	515	(2.3)	512	(1.6)	503	(1.7)	503	(1.6)	**-4.4**	(1.3)	0.001
比利时	507	(3.6)	507	(2.6)	501	(3.0)	506	(2.3)	509	(2.3)	499	(2.4)	493	(2.3)	-1.8	(1.3)	0.172
加拿大	534	(1.6)	528	(1.7)	527	(2.4)	524	(1.5)	523	(1.9)	527	(2.3)	520	(1.8)	-1.7	(1.3)	0.173
捷克共和国	492	(2.4)	489	(3.5)	483	(4.2)	478	(2.9)	493	(2.9)	487	(2.6)	490	(2.5)	0.1	(1.3)	0.925
丹麦	497	(2.4)	492	(2.8)	494	(3.2)	495	(2.1)	496	(2.6)	500	(2.5)	501	(1.8)	1.1	(1.3)	0.398
芬兰	546	(2.6)	543	(1.6)	547	(2.1)	536	(2.3)	524	(2.4)	526	(2.5)	520	(2.3)	**-4.9**	(1.3)	0.000
法国	505	(2.7)	496	(2.7)	488	(4.1)	496	(3.4)	505	(2.8)	499	(2.5)	493	(2.3)	-0.4	(1.3)	0.745
德国	484	(2.5)	491	(3.4)	495	(4.4)	497	(2.7)	508	(2.8)	509	(3.0)	498	(3.0)	**3.3**	(1.3)	0.015
希腊	474	(5.0)	472	(4.1)	460	(4.0)	483	(4.3)	477	(3.3)	467	(4.3)	457	(3.6)	-1.5	(1.5)	0.293
匈牙利	480	(4.0)	482	(2.5)	482	(3.3)	494	(3.2)	488	(3.2)	470	(2.7)	476	(2.3)	-1.1	(1.4)	0.416
冰岛	507	(1.5)	492	(1.6)	484	(1.9)	500	(1.4)	483	(1.8)	482	(2.0)	474	(1.7)	**-4.4**	(1.3)	0.000
爱尔兰	527	(3.2)	515	(2.6)	517	(3.5)	496	(3.0)	523	(2.6)	521	(2.5)	518	(2.2)	-0.3	(1.3)	0.824
意大利	487	(2.9)	476	(3.0)	469	(2.4)	486	(1.6)	490	(2.0)	485	(2.7)	476	(2.4)	0.2	(1.3)	0.862

续　表

基于"国际学生评估项目"周期的阅读表现

	国际学生评估项目2000		国际学生评估项目2003		国际学生评估项目2006		国际学生评估项目2009		国际学生评估项目2012		国际学生评估项目2015		国际学生评估项目2018		"国际学生评估项目"中阅读表现[1]的三年平均趋势（评估时间从2000年或最早评估时间起）		
	平均分	标准误差	平均分	标准误差	平均分	标准误差	平均分	标准误差	平均分	标准误差	平均分	标准误差	平均分	标准误差	系数	标准误差	显著性
日本	522	(5.2)	498	(3.9)	498	(3.6)	520	(3.5)	538	(3.7)	516	(3.2)	504	(2.7)	0.8	(1.4)	0.594
韩国	525	(2.4)	534	(3.1)	556	(3.8)	539	(3.5)	536	(3.9)	517	(3.5)	514	(2.9)	**-3.1**	(1.3)	0.021
拉脱维亚	458	(5.3)	491	(3.7)	479	(3.7)	484	(3.0)	489	(2.4)	488	(1.8)	479	(1.6)	2.3	(1.4)	0.094
墨西哥	422	(3.3)	400	(4.1)	410	(3.1)	425	(2.0)	424	(1.5)	423	(2.6)	420	(2.7)	2.0	(1.3)	0.134
新西兰	529	(2.8)	522	(2.5)	521	(3.0)	521	(2.4)	512	(2.4)	509	(2.4)	506	(2.0)	**-3.7**	(1.3)	0.005
挪威	505	(2.8)	500	(2.8)	484	(3.2)	503	(2.6)	504	(3.2)	513	(2.5)	499	(2.2)	1.0	(1.3)	0.429
波兰	479	(4.5)	497	(2.9)	508	(2.8)	500	(2.6)	518	(3.1)	506	(2.5)	512	(2.7)	**4.5**	(1.4)	0.001
葡萄牙	470	(4.5)	478	(3.7)	472	(3.6)	489	(3.1)	488	(3.8)	498	(2.7)	492	(2.4)	**4.3**	(1.4)	0.002
瑞典	516	(2.2)	514	(2.4)	507	(3.4)	497	(2.9)	483	(3.0)	500	(3.5)	506	(3.0)	**-3.0**	(1.3)	0.024
瑞士	494	(4.2)	499	(3.3)	499	(3.1)	501	(2.4)	509	(2.6)	492	(3.0)	484	(3.1)	-1.3	(1.4)	0.339
OECD平均值－23国	500	(0.7)	497	(0.6)	495	(0.7)	499	(0.6)	501	(0.6)	497	(0.6)	493	(0.5)	-0.5	(1.2)	0.672

注: 三年平均趋势是通过线性回归计算每三年的平均变化, 时间跨度是从"国际学生评估项目"的最早开展时间到2018年。具有统计学意义的值用粗体表示。

来源: 摘自OECD (2019[8]), *PISA 2018 Results (Volume I): What Students Know and Can Do*, PISA, Table I.B1.10, OECD Publishing, Paris, https://doi.org/10.1787/5f07c754-en.

表 A2.4　不同国家在 PISA 中的数学平均分数和数学表现的三年平均趋势（2003—　　）

	基于"国际学生评估项目"周期的数学表现												"国际学生评估项目"中数学表现的三年平均趋势（自2003年或最早的评估时间起）		
	国际学生评估项目 2003		国际学生评估项目 2006		国际学生评估项目 2009		国际学生评估项目 2012		国际学生评估项目 2015		国际学生评估项目 2018		系数	标准误差	显著性
	平均分	标准误差	平均分	标准误差	平均分	标准误差	平均分	标准误差	平均分	标准误差	平均分	标准误差			
OECD															
澳大利亚	524	(2.1)	520	(2.2)	514	(2.5)	504	(1.6)	494	(1.6)	491	(1.9)	**−7.2**	(1.1)	0.000
比利时	529	(2.3)	520	(3.0)	515	(2.3)	515	(2.1)	507	(2.4)	508	(2.3)	**−4.1**	(1.1)	0.000
加拿大	532	(1.8)	527	(2.0)	527	(1.6)	518	(1.8)	516	(2.3)	512	(2.4)	**−4.1**	(1.1)	0.000
捷克共和国	516	(3.5)	510	(3.6)	493	(2.8)	499	(2.9)	492	(2.4)	499	(2.5)	**−3.7**	(1.2)	0.002
丹麦	514	(2.7)	513	(2.6)	503	(2.6)	500	(2.3)	511	(2.2)	509	(1.7)	−0.9	(1.1)	0.390
芬兰	544	(1.9)	548	(2.3)	541	(2.2)	519	(1.9)	511	(2.3)	507	(2.0)	**−9.1**	(1.1)	0.000
法国	511	(2.5)	496	(3.2)	497	(3.1)	495	(2.5)	493	(2.1)	495	(2.3)	**−2.5**	(1.1)	0.025
德国	503	(3.3)	504	(3.9)	513	(2.9)	514	(2.9)	506	(2.9)	500	(2.6)	−0.1	(1.2)	0.907
希腊	445	(3.9)	459	(3.0)	466	(3.9)	453	(2.5)	454	(3.8)	451	(3.1)	0.1	(1.3)	0.950
匈牙利	490	(2.8)	491	(2.9)	490	(3.5)	477	(3.2)	477	(2.5)	481	(2.3)	**−2.8**	(1.1)	0.013
冰岛	515	(1.4)	506	(1.8)	507	(1.4)	493	(1.7)	488	(2.0)	495	(2.0)	**−4.7**	(1.0)	0.000
爱尔兰	503	(2.4)	501	(2.8)	487	(2.5)	501	(2.2)	504	(2.1)	500	(2.2)	0.1	(1.1)	0.897

续 表

基于"国际学生评估项目"周期的数学表现

| | 国际学生评估项目2003 | | 国际学生评估项目2006 | | 国际学生评估项目2009 | | 国际学生评估项目2012 | | 国际学生评估项目2015 | | 国际学生评估项目2018 | | "国际学生评估项目"中数学学表现[1]的三年平均趋势(自2003年或最早的评估时间起) | | |
	平均分	标准误差	平均分	标准误差	平均分	标准误差	平均分	标准误差	平均分	标准误差	平均分	标准误差	系数	标准误差	显著性
意大利	466	(3.1)	462	(2.3)	483	(1.9)	485	(2.0)	490	(2.8)	487	(2.8)	**5.4**	(1.2)	0.000
日本	534	(4.0)	523	(3.3)	529	(3.3)	536	(3.6)	532	(3.0)	527	(2.5)	0.0	(1.2)	0.998
韩国	542	(3.2)	547	(3.8)	546	(4.0)	554	(4.6)	524	(3.7)	526	(3.1)	**−4.1**	(1.2)	0.001
拉脱维亚	483	(3.7)	486	(3.0)	482	(3.1)	491	(2.8)	482	(1.9)	496	(2.0)	1.7	(1.2)	0.162
卢森堡	493	(1.0)	490	(1.1)	489	(1.2)	490	(1.1)	486	(1.3)	483	(1.1)	−1.7	(1.0)	0.078
墨西哥	385	(3.6)	406	(2.9)	419	(1.8)	413	(1.4)	408	(2.2)	409	(2.5)	**3.4**	(1.2)	0.004
荷兰 *	538	(3.1)	531	(2.6)	526	(4.7)	523	(3.5)	512	(2.2)	519	(2.6)	**−4.2**	(1.2)	0.000
新西兰	523	(2.3)	522	(2.4)	519	(2.3)	500	(2.2)	495	(2.3)	494	(1.7)	**−7.0**	(1.1)	0.000
挪威	495	(2.4)	490	(2.6)	498	(2.4)	489	(2.7)	502	(2.2)	501	(2.2)	1.5	(1.1)	0.164
波兰	490	(2.5)	495	(2.4)	495	(2.8)	518	(3.6)	504	(2.4)	516	(2.6)	**5.1**	(1.1)	0.000
葡萄牙	466	(3.4)	466	(3.1)	487	(2.9)	487	(3.8)	492	(2.5)	492	(2.7)	**6.0**	(1.2)	0.000
斯洛伐克共和国	498	(3.3)	492	(2.8)	497	(3.1)	482	(3.4)	475	(2.7)	486	(2.6)	**−3.6**	(1.2)	0.002
西班牙	485	(2.4)	480	(2.3)	483	(2.1)	484	(1.9)	486	(2.2)	481	(1.5)	0.0	(1.1)	0.989

续　表

| | 基于"国际学生评估项目"周期的数学表现 | | | | | | | | | | | | "国际学生评估项目"中数学表现¹的三年平均趋势（自2003年或最早的评估时间起） | | |
| | 国际学生评估项目2003 | | 国际学生评估项目2006 | | 国际学生评估项目2009 | | 国际学生评估项目2012 | | 国际学生评估项目2015 | | 国际学生评估项目2018 | | | | |
	平均分	标准误差	平均分	标准误差	平均分	标准误差	平均分	标准误差	平均分	标准误差	平均分	标准误差	系数	标准误差	显著性
瑞典	509	(2.6)	502	(2.4)	494	(2.9)	478	(2.3)	494	(3.2)	502	(2.7)	−2.1	(1.1)	0.069
瑞士	527	(3.4)	530	(3.2)	534	(3.3)	531	(3.0)	521	(2.9)	515	(2.9)	**−2.5**	(1.2)	0.039
土耳其	423	(6.7)	424	(4.9)	445	(4.4)	448	(4.8)	420	(4.1)	454	(2.3)	**4.1**	(1.5)	0.006
美国*	483	(2.9)	474	(4.0)	487	(3.6)	481	(3.6)	470	(3.2)	478	(3.2)	−1.2	(1.2)	0.313
OECD 平均值—29国	499	(0.6)	497	(0.5)	499	(0.5)	496	(0.5)	491	(0.5)	494	(0.4)	−1.3	(1.0)	0.166

注：三年平均趋势是通过线性回归计算每三年的平均变化，时间跨度是从"国际学生评估项目"最早开展的时间到2018年。具有统计学意义的值用粗体表示。

来源：摘自OECD (2019[8])，*PISA 2018 Results (Volume I): What Students Know and Can Do*, PISA, Table I.B1.11, OECD Publishing, Paris, https://doi.org/10.1787/5f07c754-en.

注　释

1. 参加"国际成人能力测评项目"和"国际成人读写能力调查"的国家和经济体包括澳大利亚、加拿大、智利、捷克共和国、丹麦、英格兰（英国）、芬兰、佛兰德（比利时）、德国、爱尔兰、意大利、荷兰、新西兰、北爱尔兰（英国）、挪威、波兰、斯洛文尼亚、瑞典和美国。

2. 参加"国际成人能力测评项目"和"成人读写能力和生活技能调查"的国家包括加拿大、匈牙利、意大利、荷兰、新西兰、挪威和美国。

3. 斯坦福问答系统数据集2.0的排行榜，请参见：https://rajpurkar.github.io/SQuAD-explorer/（访问日期2023年1月21日）。

4. 超级通用语言理解评估的排行榜，请参见：https://super.gluebenchmark.com/leaderboard（访问日期2023年1月21日）。

5. 不同系统在"数学"中的性能排名，请参见：www.paperswithcode.com/sota/mathword-problem-solving-on-math（访问日期2023年2月21日）。

第3章

基于"成人技能调查"的
人工智能能力测评的方法论

　　本章描述了测评计算机解决下述问题的能力的方法论，问题源自"国际成人能力测评项目"（PIAAC）中的"成人技能调查"。首先，概述"国际成人能力测评项目"测试，介绍该项目测评的能力以及用于测评这些能力的问题。其次，描述用于遴选专家，获取其判断及制定问卷的方法，说明了构建人工智能读写和计算能力综合度量标准的方法。本章的重点在于改进试点研究中运用的测评方法。最后，总结研究中遇到的方法论上的难题以及为解决这些难题做出的尝试。

2016年,OECD邀请了一组计算机科学家来测评计算机在核心技能方面的能力,这些技能是"国际成人能力测评项目"(PIAAC)中"成人技能调查"测量的重点(Elliott, 2017[1])。本次测评旨在提供一种方式,来预测技术的潜在变化如何影响这些技能在工作和日常生活中的运用。当前的后续研究着眼于人工智能自上次测评以来在读写和计算能力方面如何进一步发展。本调查也探讨了收集专家对于人工智能能力判断的新方法,以便解决一些方法论挑战并改进现行措施。

本章描述了测评人工智能能力采用的方法以及在研究过程中做出的方法论改进。本章首先概括了"国际成人能力测评项目",然后概述了用于遴选专家、获取其判断、获取对这些判断的定性反馈和生成人工智能能力综合评级的技术,最后一部分讨论了研究中面临的挑战以及采取的应对措施。

"成人技能调查" 概述

"成人技能调查"(源自"国际成人能力测评项目")旨在考察16~65岁成人在读写、计算和解决机辅问题方面的熟练程度。这些技能对于人们充分融入工作、教育和社交生活不可或缺,且与许多社会情景和工作场景息息相关,因此被视作"关键信息处理能力"(OECD, 2013[2])。另外,该调查还收集了有关受访者背景和所处环境的丰富信息,包括参与的阅读和计算相关活动,工作和日常生活中使用的信息与通信技术,与他人的合作和自己的时间规划。

本研究重点关注"国际成人能力测评项目"中的计算和读写能力测评。读写和计算能力奠定了个人发展高阶认知技能的基础,比如分析推理技能。在信息丰富的社会中,这些技能对于理解特定领域的知识至关重要。此外,它们还是获取日常生活信息的必要技能,例如,阅读药方或处理资产和预算(OECD,2012[3])。以下小节会提供更多关于测评这些技能的方法、描述测试问题的格式及其涉及的语境和认知策略信息。

"国际成人能力测评项目"每十年举行一次。第一个周期为2011—2018年,第二个周期的首批结果预计将于2024年发布。第一个周期分三轮,收集了来自39个国家和经济体的数据。2011—2012年,来自24个国家和经济体的约166 000名成人参加了第一轮调查,其中包括澳大利亚、奥地利、比利时(数据收集于佛兰德地区)、加拿大、塞浦路斯、捷克共和国、丹麦、爱沙尼亚、芬兰、法国、德国、爱尔兰、意大利、日本、韩国、荷兰、挪威、波兰、斯洛伐克共和国、西班牙、瑞典、英国(数据收集于英格兰和北爱尔兰)和美国。2014—2015年实施了第二轮数据收集,范围覆盖智利、希腊、印度尼西亚、以色列、立陶宛、新西兰、新加坡、斯洛文尼亚和土耳其。2017年,在厄瓜多尔、匈牙利、哈萨克斯坦、墨西哥、秘鲁和美国开展了第三轮数据收集。在第一个周期中,约有250 000名成人接受了调查,每个国家或经济体的样本容量为约4 000人到近27 300人不等(OECD,2019[4])。

基于成功完成该任务的受访者比例,每项任务都在测评计分过程中被赋予一个难度分数。在三个领域中的任一领域,这些分数都以500分制来表示。根据受访者正确回答问题的数量及其难度,他们的反馈会被置于同一个500分量表里。在量表的每个点上,具有特定熟练分值的人约有67%的概率成功完成该点上的测试项目。这个人也将能够以更低的成功率完成更困难的项目,并以更高的成功率完成较容易的项目(OECD,2013[5])。

为了更好地解释测试结果,每个领域的报告量表被划分成少量的熟练水平等级。读写和计算能力被区分为六个熟练水平(一级到五级以及一级以下)。除了最低级别(一级以下),熟练程度得分在中间范围内的人约有67%的概率成功完成位于特定级别的任务。换句话说,熟练程度得分二级的人,在由二级难度试题组成的测试中将获得接近67%的分数(OECD,2013[5])。

人口技能的熟练水平和分布信息,对关注劳动力技能发展或教育系统效力等问题的政策制定者和研究人员来说,用处颇广。此外,"国际成人能力测评项目"数据可以帮助我们了解关键技能与经济和社会成果之间的关系以及影响技能习得、保持和失去的相关因素。

"成人技能调查"中的读写能力测评

"国际成人能力测评项目"中"成人技能调查"中的读写能力测试是测量成人在现实生活中对文本的理解、评估、使用和阅读能力。测评任务涵盖成人在工作和个人生活中的常见文本,例如招聘启事、网页、报纸新闻和电子邮件。这些文本以不同形式呈现,包括印刷文本、数字文本、连续性文本、构成段落的句子或非连续性文本,其中非连续性文本形式涉及图表、列表或地图。测评项目也可能是包含多个相互独立但为特定目的而联结的文本(OECD,2012[3];OECD,2013[5])。

在对文本进行反馈时,读写测试要求读者使用以下三大认知策略:

- 获取和识别:读者需要在文本中找到信息项。当所需信息在文本中明确显示时,这相对容易。但是,有些测评任务需要推理和理解修辞(例如,探寻地方政府政策背后的原因)。

- 整合和解释:读者可能需要理解文本中不同部分之间的关系,例如问题/解决方案或因果关系。这些关系可能被标明(例如,文本说明"X的原因是Y"),也可能需要读者推论。

- 评估和反思:读者可能需要运用文本外的知识或思想,例如评估文本的相关性、可信度或说理推断。

读写能力测评任务有六个难度级别（OECD, 2012[3]; OECD, 2013[5]）。简单测评任务（一级以下和一级）需要掌握识别基本词汇和阅读短文的知识和技能，通常要求受访者在简短的文本中定位一个信息片段。在中级测评任务（二级和三级）中，理解文本和修辞结构变得更加重要，特别是在浏览复杂的电子文本时。文本通常密密麻麻或冗长繁杂，可能需要受访者综合较大篇

专栏3.1　读写问题示例

下述读写问题示例题目难度级别为三级，使用印刷材料（而不是模拟网站等数字刺激），要求受访者获取和识别文本中的正确信息。

| 第一单元 问题1/3
阅读幼儿园守则，标出守则中的信息并回答下列问题。

孩子们应不迟于什么时间到达幼儿园？ | **幼儿园守则**

　欢迎来到我们的幼儿园！期待我们能认识彼此，了解彼此，一起度过愉快的一年。请拨冗查阅我们的幼儿园守则。
· 请在上午9点前把孩子送到幼儿园。
· 请为午睡准备一床小毯子或一个枕头和/或一个柔软的小玩具。
· 请为你的孩子穿上舒适的衣服并准备一套换洗的衣服。
· 请不要带珠宝或糖果。如果孩子过生日，请告诉老师为孩子准备一份特殊的小零食。
· 请为你的孩子穿戴整齐，不要穿睡衣。
· 登记时请签全名，这是一项许可规定，谢谢配合。
· 早餐供应截止时间为早上7:30。
· 药物必须装在贴有原始标签的容器中，必须在每个教室的用药单上签字。
· 如果你有任何问题，请联系孩子的任课老师、马莱娜小姐或者特里小姐。 |

图3.1　读写样题

来源：OECD (2012[3]), *Literacy, Numeracy and Problem Solving in Technology-rich Environments: Framework for the OECD Survey of Adult Skills*, OECD Publishing, Paris, uhttp://dx.doi.org/10.1787/9789264128859-en.

幅的文本构建意义,或者执行多步操作来识别和作答。高级测评任务(四级和五级)需要进行复杂的推理和运用背景知识。涉及的文本复杂冗长,通常包含冲突性信息,这些信息看似与正确信息同样显眼。在许多测评任务中,往往需要阐释基于证据的微妙主张或说服性的话语关系。

"成人技能调查"中的计算能力测评

"国际成人能力测评项目"中"成人技能调查"中的计算能力测试测量成人管理日常生活数学需求的能力,包括获取、运用、解释和传达计算信息和思想的能力(OECD,2012[3]; OECD,2013[5])。测评任务的设计模拟了工作和个人生活中的真实情境,例如,管理预算和项目资源以及解释媒体呈现的定量信息。数学信息可以采用多种方式呈现,包括图像、符号标记、公式、图表、图形、表格和地图,也可以进一步以文本形式来表达(例如,"犯罪率上升了一半")。

测评任务可能需要不同的认知策略:

- 识别、定位或获取数学信息,这些信息存在于测评任务中,且与其目的或目标相关。

- 使用数学知识,即应用已知的方法、规则或信息,例如计数、排序、分类、估算、使用各种测量设备或运用(或开发)一个公式。

- 解释数学信息的含义和潜在影响,例如,描述图表或文本中的趋势、变化或差异。

- 评估/分析解决方案的质量,评估或者分析是基于某些标准或情境需求(例如,比较相互竞争的行动方案的开支信息)。

六种测评任务的难度等级各有不同(OECD, 2013[5])。简单任务(一级以下和一级)要求受访者执行简单的单步操作,例如计数、理解简单百分比或

专栏3.2 计算问题示例

示例题目的难度为三级,考察的认知策略是解释和评估。它要求受访者勾选屏幕左侧窗格中提供的一个或多个时间段。

阅读右侧关于出生人数的图表。勾选正确选项,回答下列问题。 **出生人数在哪个(些)时期出现下降?请选出所有可能的答案。** □ 1957—1967 □ 1967—1977 □ 1977—1987 □ 1987—1997 □ 1997—2007	下图展示了1957—2007年美国的出生人口数量。相邻两个数据之间的间隔为10年。 

图3.2 计算样题

来源: OECD (2012[3]), *Literacy, Numeracy and Problem Solving in Technology-rich Environments: Framework for the OECD Survey of Adult Skills*, OECD Publishing, Paris, http://dx.doi.org/10.1787/9789264128859-en

识别常见图示。相关数学内容易于查找。中等难度级别(二级和三级)的测评任务需要运用两个或多个步骤或过程,可能涉及十进制数、百分数和分数的计算,或基于文本、表格和图表的数据进行解释、基本的分析和统计。涉及的数学信息不但表述不太明确,而且可能包括干扰选项。高级测评任务(四级和五级)需要理解和整合多种类型的数学信息,例如统计和概率、空间关系和变化。所涉数学信息以复杂抽象的方式呈现,或嵌入较长文本之中。

确定一组计算机科学家

该试点研究基于11位计算机科学家的专业知识，这些科学家来自对测评颇为重要的各个领域，包括自然语言处理、推理、常识性知识、计算机视觉、机器学习和集成系统（Elliott, 2017[1]）。他们由研究人工智能对经济影响的社会科学家或其他计算机科学家推荐，其中6位计算机专家还参加了2021年的后续研究。以最初的专家组推荐为主要依据，后续研究中又招募了5位新专家。

2021年，从11位专家那里获得的测评结果显示，在计算领域，他们对人工智能的能力评估存在严重分歧（见下文）。因此，根据其出版物列表和/或参加相关领域会议的情况，4位专注于人工智能计算推理的专家被邀请加入后续研究，他们只是重新测评"国际成人能力测评项目"的计算测试。

表3.1　参与计算机能力后续测评的计算机科学家

计算机科学家	专业领域
钱德拉·巴加瓦图拉（Chandra Bhagavatula），艾伦人工智能研究所（Allen Institute for AI, 简称AI2），高级研究员	常识推理、自然语言生成、常识和视觉的交集
安东尼·G.科恩（Anthony G. Cohn），利兹大学计算机学院（School of Computing, University of Leeds），自动化推理教授	人工智能、知识表征与推理、数据和传感器融合、认知视觉、空间表征与推理、地理信息科学、机器人学
普拉迪普·达西吉*（Pradeep Dasigi），艾伦人工智能研究所，研究员	自然语言理解、问答系统、阅读理解、可执行语义分析
欧内斯特·戴维斯（Ernest Davis），纽约大学科朗研究院（Courant Institute, New York University），计算机科学教授	常识性知识表征

计算机科学家	专 业 领 域
肯尼思·D.福伯斯(Kenneth D. Forbus),西北大学(Northwestern University),计算机科学沃尔特·P.墨菲(Walter P. Murphy)讲席教授和教育学教授	定性推理、类比推理和学习、空间推理、草图理解、自然语言理解、认知架构、推理系统设计、智能教育软件以及交互式娱乐中人工智能的运用
亚瑟·C.格雷泽(Arthur C. Graesser),孟菲斯大学心理学系(Department of Psychology, University of Memphis),名誉教授	认知和学习科学、话语处理、人工智能和计算语言学、文本理解、情感、问题解决、人类和计算机辅导、教育软件设计、人机交互
伊薇特·格雷厄姆(Yvette Graham),都柏林圣三一学院计算机科学与统计系(School of Computer Science and Statistics, Trinity College Dublin),人工智能助理教授	自然语言处理、对话系统、机器翻译、信息恢复
丹尼尔·亨德里克斯*(Daniel Hendrycks),人工智能安全中心(Center for AI Safety),主任	人工智能、机器学习安全、人工智能的定量推理
何塞·埃尔南德斯-奥拉略(José Hernández-Orallo),瓦伦西亚理工大学人工智能研究学院,瓦伦西亚研究生院和人工智能研究网络(Valencian Research Institute for Artificial Intelligence, Valencian Graduate School and Research Network of AI, Universitat Politècnica de València),教授	通用学习和机器学习智能系统的评估和测量,尤其擅长后者
杰里·R.霍布斯(Jerry R. Hobbs),南加利福尼亚大学信息科学研究所(Information Sciences Institute, University of Southern California),计算语言学荣誉教授、研究员和首席科学家	计算语言学、话语分析、人工智能、解析、句法、语义阐释、信息提取、知识表征、常识性知识编码
阿维夫·克伦*(Aviv Keren),"任何单词"公司(Anyword),高级应用科学家	人工智能、数学哲学、数学认知、数学逻辑、自然语言处理
里克·康塞尔-克德济奥斯基*(Rik Koncel-Kedziorski*),肯斯霍科技(Kensho Technologies),人工智能研究科学家	人工智能、自然语言处理、问答系统、自然语言处理系统中表示意义的一般方法

续　表

计算机科学家	专 业 领 域
瓦西里·鲁斯（Vasile Rus），孟菲斯大学计算机科学系和智能系统研究所（Department of Computer Science and Institute for Intelligent Systems, University of Memphis），教授	自然语言处理、基于自然语言的知识表征、语义相似性、问答系统、智能辅导系统
吉姆·斯波勒（Jim Spohrer），国际商业机器公司（IBM），全球大学项目和认知系统组前主任	人工智能、面向整体服务系统的认知系统
迈克尔·威特布洛克（Michael Witbrock），奥克兰大学计算机科学学院（School of Computer Science, University of Auckland），教授	人工智能、面向社会公益的人工智能、人工智能创业、自然语言理解、机器推理、知识表征、深度学习

注：*2022年9月完成了对"国际成人能力测评项目"计算能力测试的人工智能测评。

收集专家判断

测评通过在线调查开展，辅之以后续的小组讨论。参与者在调查开始前一周收到"国际成人能力测评项目"的测试材料，以便审阅。他们有两周时间来完成测试。在此期间，他们可以通过个性化的调查链接获取、重新获取和修改答案。他们总共需要完成113个测试问题的评级，其中57个属于读写领域，56个属于计算领域。

在线测评10天之后进行长达四小时的在线小组讨论。会前，每个专家会收到一份手册，上面列出他们对每个"国际成人能力测评项目"问题的个人评级和小组平均值。会议中，专家们得到关于小组如何评定人工智能在"国际成人能力测评项目"中表现的其他详细反馈。他们讨论了这些结果，重点关注在评估人工智能表现时存在严重分歧的测试问题。此外，专家们描述了理解和评定问题时遇到的难题,并提供了对评估方法的反馈。会议后,专家们有机会重新进入调查并修改其答案。

这种测评方法遵循了所谓的德尔菲法(Delphi)来收集专家判断。德尔菲法是一种结构化小组技术,旨在征求多位专家判断,以提高判断质量和增进共识(Okoli and Pawlowski, 2004[6]; European Food Safety Authority, 2014[7])。这种方法至少收集两轮专家评级结果,并在每轮后提供反馈,说明小组的平均评分。调查轮次将持续,直到专家们达成共识。每一轮中,专家们匿名且独立地进行评级,此举是为了减少潜在偏见,这种偏见可能源于社会从众效应,或源于拥有主导力的个人将自己的观点强加给小组成员。不同于偏见,每轮后提供的反馈应能促进社会学习,助力专家基于新信息改进此前判断,最终会增进专家间的共识。

与传统的德尔菲法不同,本研究考虑到专家间会进行更多交流。研究不仅为专家们提供小组的邮件列表,而且鼓励他们在评级过程中分享所有关于调查的问题、意见或建议。有几位专家这么做了。第一轮结束后,专家们可以进行虚拟会面,讨论调查结果。此外,他们也可以使用线上会议的群聊功能来交流想法和交换资料。

交流对于测评非常重要。所有的专家都大致了解与"国际成人能力测评项目"问题相关的人工智能领域最新进展。然而,他们不可能知道所有人工智能应用程序、最新研究结果或其他可能与评估相关的细节,只有极个别专家可能掌握执行某项任务所需的特定人工智能系统知识。在这种情况下,这些专家应该能够在评级过程中随时向小组传达这些信息。

提供更多交流空间是对试点研究的改进。2016年,测评在一个为期两天的会议中开展,并提前向参与者提供了材料(Elliott, 2017[1])。囿于时间,针对特定技术细节的交流仅限于提及相关研究文章。就对不同计算机能力的理解,专家们也未能达成充分共识。后续研究中的许多问题,专家们也未达成共识。但在整个数据收集过程中,他们可以与小组成员分享自己的观点。

问卷开发

在线调查包含"国际成人能力测评项目"的读写和计算问题。专家们在每一个问题上都会被问及对人工智能技术执行任务的信心。反馈选项包括"0%:不,人工智能不能完成""25%""50%:可能""75%""100%:是,人工智能可以完成",以及最后一个选项"不知道"。该量表结合了专家对人工智能的信心和能力评级,例如,"0%:不,人工智能不能完成"意味着专家确信人工智能不能完成任务,25%则意味着专家认为人工智能可能完成不了任务。

该研究为专家们提供了详细说明,明确了在"国际成人能力测评项目"测试中评估人工智能的潜在应用参数。系统不可能完全贴合测试中的考核任务,因此专家们考虑了让技术去适应"国际成人能力测评项目"的过程。这种适应包括使用一组相关示例或有关特定词汇、关系或知识表征类型(例如图表和表格)的信息对系统进行训练。如果使用当前技术开发计算机系统以回答测试问题,专家们需要界定这种假定开发工作所需工作量。与过去的测评相同,专家们进行判断需要考虑两个大致的标准。

首先,专家们需要考虑"当前"的计算机技术,意指文献中充分阐述的任何可用技术。因为本次测评旨在反映当前系统的应用,而不是创建全新的系统,所以这点至关重要。

其次,专家们需要考虑"合理的前期准备",以便当前技术适应"国际成人能力测评项目"。这是指一支研究团队在一年内投入100万美元来构建和改进一个系统，以使用当前技术来处理"国际成人能力测评项目"中的问题。此外，专家们还需要构想开发两个单独的系统，一个用于解决所有读写问题，另一个用于计算测试。

后续研究尝试解决在试点研究中遇到的一些方法论难题。专家们指出，为人类开发的测试通常忽略了大多数人拥有但机器没有的能力（Elliott, 2017[1]）。换言之，计算机可能因为缺乏人类默认拥有的能力而表现不佳，而不是因为缺乏被测评的基本能力。这就给解释计算机在人类测试中的表现带来了困难。例如，"国际成人能力测评项目"中的一个任务要求受试者计算图像中包装瓶的数量。对大多数成人来说，这个问题易如反掌。问题中的计算推理部分对机器来说也很容易。然而，专家们在这个问题上给人工智能评级最低，因为包装使得机器无法识别许多瓶子。因为它需要额外的对象识别能力，所以这个问题本身成为一个具有误导性的测量计算机计算能力的指标。

测量读写和计算技能，与测量考核任务所需但不受"国际成人能力测评项目"影响的能力，应当区分开来。一些专家建议分两个阶段进行评级：第一阶段确定每个测评任务所需的不同类型的能力，第二阶段评估人工智能在每个领域的表现。然而，这样的实践需要专家们商定一套描述不同类型能力的分类方法，并确定每项测评任务所需能力。

调查没有采用"两阶段"解决方案，而是添加了一个额外的开放式问题："如果你认为人工智能不能完成整个测评任务，或者你不确定它是否能完成，那你认为人工智能可以完成部分任务吗？如果可以，是哪一（些）部分？"这个问题旨在明确测评任务中机器容易和难以执行的要素。如此，它将为评估计算机在具有挑战性的"国际成人能力测评项目"任务中的表现提供更精确的信息。

此外,与试点研究相比,后续调查尝试收集更多定性信息,这些信息是关于专家评级背后的理论依据。为此,在每个"国际成人能力测评项目"问题之后都有一个开放式问题,要求专家们解释他们在该问题上对人工智能表现的评分。在读写和计算测试部分结束时,专家们可以填写他们在理解或回答该部分问题时遇到的任何困难,或反馈任何评论或建议。

最后,后续调查要求所有专家预测人工智能在2026年回答每个"国际成人能力测评项目"问题的能力。这些预测将被测评,以探索追踪人工智能随着时间推移而发展的可能性。试点研究要求专家们预测未来十年的技术进步。相比之下,后续研究将预测年限调整为五年。许多拨款申请要求调查人员预测他们未来三到五年内的研究成果。因此,在估计这一较短时间内可能发生的变化程度方面,研究人员经验丰富。

构建人工智能读写和计算能力表现的综合度量

在将专家们对人工智能读写和计算能力表现评级汇总为单一度量时,后续研究不但考虑专家们的一致程度,而且考量专家们的不确定程度。

首先,基于大多数专家的判断,后续研究将每个"国际成人能力测评项目"问题标记为人工智能可能或不可能解决的问题。因此,专家们无法达成多数共识的问题就被排除在分析之外。然后,根据大多数计算机专家的意见,后续研究将人工智能在读写和计算方面的综合度量构建为一种份额百分比,这种份额百分比指的是根据大部分专家的意见,人工智能可以正确回答"国际成人能力测评项目"某一领域问题的比例。这些度量针对不同难度级别的问题,以展现"国际成人能力测评项目"中人工智能潜在表现更详细的图景。

其次,考虑到专家之间意见的不确定性,该研究提出了不同版本的度量措施。其中一种度量依赖于专家报告置信度的加权评级。例如,关于专家是否对人工智能执行任务有信心这一问题,回答"75%"被视为75%的"是"(75%-Yes),这意味着其权重比100%有信心的回答要小。有些度量版本中省略了"可能"(Maybe)这一评级,因其提供的人工智能评估没有意义。在其他版本中,"可能"评级被计算为50%的"是",这反映了一些专家将该答案类别视作不太确定的"是"。为测试专家的不确定性是否影响整体评级,排除了许多答案为"可能"和"不知道"的问题后,后续研究进行了相应的分析。

困难挑战和经验教训

后续研究始于收集11位人工智能专家的判断。测评的主要挑战在于专家之间的分歧,特别是围绕人工智能在计算问题上的潜在表现,出现了两种截然不同的态度:4位专家对人工智能在计算测试中的表现能力持悲观态度,另外4位则持乐观态度。

在线调查和小组讨论收集的定性信息为理解专家分歧提供了一些见解。尽管一些点似乎引起了异议,但分歧的主要原因在于对被测评的计算机能力普遍性的理解。一些专家认为,一般的计算机技术应该能够顺利解决广泛可比较的问题。因为此类通用技术仍然存在局限性,所以他们倾向于给人工智能能力较低的评级。相比之下,其他专家则假定特定技术仅针对单个计算问题,并对这种"狭义"的能力给予了更积极的评价。为达成一致,专家们需要阐明对评估中的人工智能能力普遍性的理解。

阐明人工智能能力普遍性的方法之一是提供更多测试题目示例，这可以帮助专家们厘清人工智能应在每个领域中解决的全部问题。然而，"国际成人能力测评项目"问题集数量有限，无法提供更多的示例。因此，需要采取其他几个步骤来修订评级说明。

首先，利用"国际成人能力测评项目"的测评框架信息，更精确地描述读写和计算技能评估（OECD, 2012[3]）。该文件定义了这些技能，描述了其通常应用的背景和情境，界定了用于测量的考核任务。这些信息经过综合处理，并补充了九个难度为低、中和高的示例项目。这将有助于专家们更好地理解该领域、所涉任务和执行所需能力。

其次，修订后的说明要求专家根据"国际成人能力测评项目"测评框架和提供的示例，在每个领域构想并描述一个人工智能系统。然后，针对他们构想的系统，专家们需要在线上调查中评定其在每个"国际成人能力测评项目"项目（item）上的潜在成功率。在讨论中，专家们经常争论能够生成系统的技术性细节，这一系统能够处理如计算能力测试中一般的多样化任务。然而，并非所有专家都有时间来分享他们的看法，因此要求专家们预先描述一个可行的测试系统，并向所有参与者提供这些描述，这样最终可能有助于专家们取得共识。

最初的11位专家在小组讨论后都没有修改他们对人工智能能力的评级。为优化计算领域的评估，后续研究邀请了另外4位数学推理人工智能专家来重新测评计算测试。遴选此类专家的标准是其在相关领域内的出版物和参与相关活动的情况。他们按照修订后的评级说明，对人工智能的每个计算问题进行评估，并在线上会议上讨论调查结果。

尽管如此，4位专家对人工智能在计算领域的能力还是给出了不同评估。

然而讨论表明,不同评估的诱因并非评级工作的模糊性,专家们十分清楚计算测试所需人工智能的能力以及这些能力的广度。与之相反,项目要求专家们考虑为适应"国际成人能力测评项目"而进行一些预先准备,似乎是这一要求使得专家们难以做出精确评级。鉴于近期在数学推理方面的人工智能研究激增,一些专家认为,人工智能的计算能力将在"国际成人能力测评项目"指定的系统准备期限内得到提高,其他人则关注人工智能技术的现状。然而,所有专家一致认为,人工智能目前尚未达到完成计算能力测试的阶段,但将很快抵达。

参 考 文 献

- Elliott, S. (2017), *Computers and the Future of Skill Demand*, Educational Research and Innovation, OECD Publishing, Paris, https://doi.org/10.1787/9789264284395-en. [1]

- European Food Safety Authority (2014), "Guidance on Expert Knowledge Elicitation in Food and Feed Safety Risk Assessment", *EFSA Journal*, Vol. 12/6, https://doi.org/10.2903/j.efsa.2014.3734. [7]

- OECD (2021), *The Assessment Frameworks for Cycle 2 of the Programme for the International Assessment of Adult Competencies*, OECD Skills Studies, OECD Publishing, Paris, https://doi.org/10.1787/4bc2342d-en. [8]

- OECD (2019), *Skills Matter: Additional Results from the Survey of Adult Skills*, OECD Skills Studies, OECD Publishing, Paris, https://doi.org/10.1787/1f029d8f-en. [4]

- OECD (2013), *OECD Skills Outlook 2013: First Results from the Survey of Adult Skills*, OECD Publishing, Paris, https://doi.org/10.1787/9789264204256-en. [2]

- OECD (2013), *The Survey of Adult Skills: Reader's Companion*, OECD Publishing, Paris, https://doi.org/10.1787/9789264204027-en. [5]

- OECD (2012), *Literacy, Numeracy and Problem Solving in Technology-rich Environments: Framework for the OECD Survey of Adult Skills*, OECD Publishing,

Paris, https://doi.org/10.1787/9789264128859-en.   [3]

- Okoli, C. and S. Pawlowski (2004), "The Delphi Method as a Research Tool: An Example, Design Considerations and Applications", *Information & Management*, Vol. 42/1, pp. 15-29, https://doi.org/10.1016/j.im.2003.11.002.   [6]

第四章

专家对人工智能
读写和计算能力的测评

本章描述了使用"国际成人能力测评项目"中的"成人技能调查"对计算机能力进行后续测评的结果，先后介绍了计算机读写能力和计算能力的测评结果。通过探究汇总专家评级的不同方式，本章研究了人工智能在不同难度问题上的表现；接着展示各个专家的平均评估结果，并分析他们之间的分歧和不确定性；随后比较了人工智能和成人的表现；最后总结了专家对评级工作的讨论结果，进而阐明他们在使用"国际成人能力测评项目"测评人工智能时面临的挑战。

本章描述了使用"国际成人能力测评项目"中的"成人技能调查"对计算机能力进行后续测评的结果。该测评使用第三章所述的方法,由11位计算机科学家于2021年实施。专家们对当前人工智能在不同问题上的潜在表现进行评级,这些问题来自"国际成人能力测评项目"中的读写领域和计算领域。在评估时,专家们考虑了一项假定开发工作,即将人工智能技术应用于"国际成人能力测评项目"时,花费时间不超过一年,成本不超过100万美元。

由于专家们对人工智能的计算能力存在分歧,因此此次测评另外邀请4位人工智能数学推理方面的专家重新测评计算能力测试。这项测评使用经过修订的方法,即专家们提前获得更多有关"国际成人能力测评项目"的信息,并被要求提供更多有关可能可以进行测试的技术的信息。本章先后讨论了读写能力和计算能力的测评结果。

总之,专家预计人工智能在"国际成人能力测评项目"中的表现接近成人在该项目上的中上熟练程度。结果表明,在读写能力方面,当前计算机技术在测试中的表现大致与熟练程度为三级的成人相当。在计算能力方面,对于较简单的问题,人工智能的表现更接近熟练程度为二级的成人,而对于较难的问题,人工智能的表现更接近熟练程度为三级的成人。然而,并非所有专家都同意关于计算能力的结论。

人工智能在读写领域的能力评估

在"国际成人能力测评项目"中,读写能力被定义为"理解、评估、使用和阅读文本,以参与社会、实现个人目标、增长知识并挖掘潜力"(OECD, 2012[1])。这次测评使用了不同文本类型的问题,包括印刷文本、数字文本、连续性文本和非连续性文本，以及混合多种或多个文本的问题。这些问题需要解码书面单词和句子，以及理解、解释和评估复杂的文本，但不包括写作。这些问题取材于发达国家大多数成人熟悉的情景，包括工作、个人生活、社会和社区以及教育和培训。

读写问题分为六个难度级别，从一级以下到五级（OECD，2013[2]）。较简单的测试题目涉及文本较短，话题是大众较为熟悉的，问题的措辞与文本中答案的措辞相同。而较难的测试题目涉及文本较长，有时甚至含有多个文本，话题是人们不太熟悉的，回答问题需要对文本进行一些推理，且文本中含有可能导致错误回答的干扰信息。以下将难度级别为一级以下和一级的问题合并为一个类别（一级及以下），将四级和五级的问题合并为一个类别（四到五级）。"国际成人能力测评项目"中的57个读写问题中，一级及以下难度的问题有7个，二级15个，三级23个，四到五级12个（有关"国际成人能力测评项目"的概述，请参见第三章）。

基于不同难度级别问题的人工智能读写能力评级

图4.1显示了根据大多数专家的评估，在每个难度级别上，人工智能能够正确回答的读写问题的平均比例。对于每个问题，专家们在"0%：不，人工智能不能完成"到"100%：是，人工智能可以完成"的范围中评级。这个评级同时反映了专家们对人工智能能力的判断和对此判断的置信度。根据这些评级分别计算三种综合度量法：

- 第一种将0%和25%的评级视为"否"，75%和100%的评级视为"是"。然后，根据超过半数专家的评级，将"国际成人能力测评项目"中的问题标记为人工智能可做的或不可做的。不考虑给出"可能"或"不知道"回答的专家。最后，根据大多数专家的评估，计算在每个难度级别上,人工智能能够正确回答的问题所占份额百分比。

- 第二种和第一种类似,但它根据专家的置信度对评级进行加权,即赋予25%和75%的评级较低的权重,赋予0%和100%的评级较高的权重。

- 第三种新增"可能"这一评级,并将其视为部分的"是"(按0.5加权的"是"),以考虑可能存在的关于"可能"的不同解释。

这三种综合度量法得到类似结果。根据简单多数投票,人工智能有望解决所有一级及以下问题、93%的二级问题和70%的三级及四到五级问题。这意味着,人工智能在对成人来说较容易的问题上表现最好,而随着问题难度的升级,人工智能的表现会越来越差。

根据全体专家过半数的评级,人工智能能够正确回答的读写问题的份额百分比

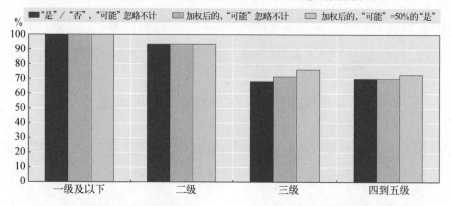

图4.1 不同计算方法下人工智能的读写能力表现

StatLink 🔢 https://stat.link/lp57m8

图4.2通过观察每个读写问题的评级分布,提供了更详细的专家评级情况。它表明,难度级别为一级及以下和二级的问题只有少数否定性评级。对一级问题的评估是稳定的,因为大多数专家对人工智能在这些问题上的表现评价很高。在二级问题上,专家们的判断存在更多不确定性,更多专家在一些问题上给出"可能"回答。在三级和四到五级,个别问题上的否定性评级比例

增加。这表明,专家们预计人工智能在这些级别问题上的表现会较差。然而,

这也反映了专家之间的分歧,因为更多处在这些级别的问题得到大致相当份

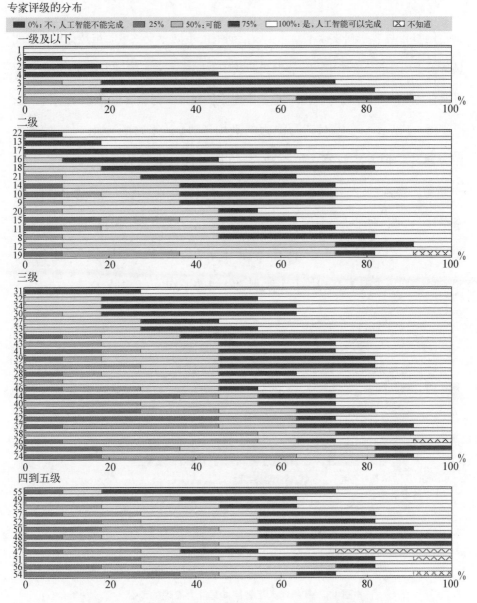

图4.2　基于不同问题和难度级别的人工智能读写能力表现

额的相反评级。下面讨论产生分歧的可能原因。

专家对人工智能读写能力的评级

这11位计算机科学家来自人工智能研究的不同分支领域。虽然他们很可能具备关于成熟技术的相同知识，但当涉及较新的或不太主流的方法时，每个人都可能有特定的专业见解。这可能会影响专家们对人工智能读写能力的整体测评。

图4.3显示了专家对读写能力的平均评级。与图4.1一样，专家的平均评级通过三种方法计算。第一种，所有评级都被编码为"否"（0%）或"是"（100%）。换言之，25%的不确定评级被计为0%，75%的评级被计为100%。忽略不计"可能"回答后，计算专家评级的平均值。第二种，保持25%和75%的评级不变，忽略不计"可能"回答，然后计算平均值。第三种，将"可能"视为50%来计算每个专家在初始五个级别上评级的平均值。

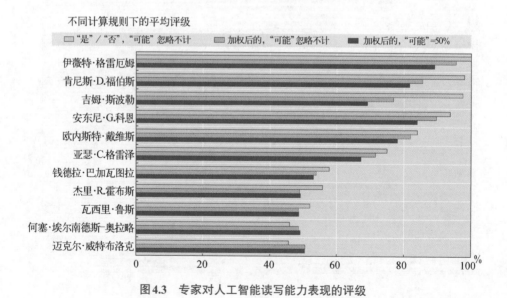

图4.3 专家对人工智能读写能力表现的评级

结果表明，专家们对人工智能在读写方面的总体表现意见一致。所有专家的平均判断均位于人工智能表现级别的中上部。三种计算专家平均值的不同方法得出类似结果。但是，将否定性和肯定性回答视为"否=0%"和"是=100%"所计算出的平均值显示出更多的可变性。在关于人工智能在读写方面的潜在表现的评级上，这种可变性范围颇广，从最悲观的专家的46%到最乐观的专家的100%。加权平均值通常彼此更接近，在"可能"回答忽略不计的情况下，变化范围为49%～95%，在包括"可能"回答的情况下，变化范围为49%～89%。

专家在人工智能读写能力方面的分歧

到目前为止，分析都是基于简单多数原则来确定专家是否认为人工智能能够正确回答"国际成人能力测评项目"中的读写问题。然而，如图4.2所示，一些问题得到份额百分比相当的相反评级意见。这意味着专家们对这些问题缺乏共识。本节介绍了一种更严格的方法，在这种方法中，必须有三分之二的专家同意，才可以确定人工智能可否解决"国际成人能力测评项目"中的问题。

表4.1显示了专家们根据不同多数规则达成一致的问题数量。在简单多数制下，专家们几乎在所有问题上都达成了一致。这意味着，除了"可能"和"不知道"外，在提供其他回答的人中，超过一半的人决定了人工智能可否执行"国际成人能力测评项目"中的任务。相比之下，三分之二多数制要求在回答有效的人中，至少要有三分之二的人意见相同。这在较少的问题上成立。当评级被视为"是"或"否"，并且忽略不计"可能"回答时，57个读写试题中只有48个得到三分之二的人的一致同意。当25%和75%的不确定评级在分析中被赋予较低的权重时，要得到三分之二多数同意变得更加困难。在加权

算法中,忽略不计"可能"回答后,只有30个问题能达到三分之二多数同意,而在"可能"回答被加权为0.5的"是"的情况下,有42个问题达到三分之二多数同意。

表4.1　专家在人工智能读写问题上的一致意见

问题难度	数量	根据下列规则达成一致的问题数量					
		简单多数制			三分之二多数制		
	所有问题	"是"/"否","可能"忽略不计	加权后的,"可能"忽略不计	加权后的,"可能"＝50%的"是"	"是"/"否","可能"忽略不计	加权后的"可能"忽略不计	加权后的,"可能"＝50%的"是"
一级及以下	7	7	7	7	7	6	7
二级	15	15	15	15	14	12	13
三级	23	22	21	21	20	10	16
四到五级	12	10	10	11	7	2	6
所有问题	57	54	53	54	48	30	42

图4.4显示了基于三分之二多数制的读写问题的综合度量,并比较其与简单多数制的度量。重点在于综合度量仅使用"是"(75%或100%)和"否"(0%或25%)回答,"可能"回答忽略不计这一方法。在每个难度级别问题上,两种协议规则显示出类似的对人工智能表现的预期。两种度量得出的结果只在四到五级的问题上存在较大的差异。在这种情况下,保守的度量方法,即采用三分之二多数制,表明人工智能可以回答86%的问题,而基于简单多数制时,该比例为70%。但是,应该谨慎解释这种差异。测量四到五级问题时,可以参照的问题很少。使用三分之二多数制时,评级问题为7个,使用简单多数制时,

根据全体专家过半数和三分之二的评级,人工智能能够正确回答的读写问题的份额百分比;
度量使用"是／否"评级,"可能"忽略不计

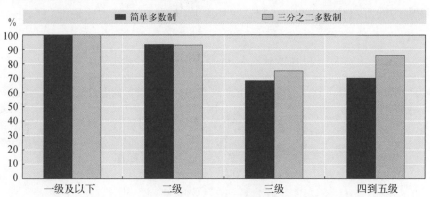

图4.4　基于不同协议规则的人工智能读写能力表现

StatLink 🔗 https://stat.link/grcnml

评级问题为10个。

专家在人工智能读写能力方面的不确定性

一些专家可能不了解人工智能处理某些"国际成人能力测评项目"问题的能力。他们也可能难以理解回答一个面向人工智能的问题的要求。在"国际成人能力测评项目"中的问题上,大部分专家提供了不确定性回答或不提供回答,这可能反映了该领域普遍缺乏对所需人工智能能力的清晰认知。这一现象可能也表明了该领域对如何使用问题来评估人工智能缺乏清晰的认识。因此,用具有较大不确定性的问题来测量人工智能的能力不太可靠。

表4.2提供了专家们回答"可能"和"不知道"的评级概览。其中只有11个问题得到确定评级,10个问题获得四个及以上"可能"或"不知道"的回答。最后一列显示了"可能"和"不知道"的回答在所有可能回答中所占比例。这概述了不同难度级别下的总体不确定性。总体上,读写能力测评的所

有回答中，"可能"或"不知道"的回答占20%。在二级及以上难度的问题上，不确定的回答占比为20%～23%，在一级及以下难度，其占比最低（8%）。

表4.2　专家在人工智能读写问题上的不确定性

	数量	得到"可能"或"不知道"回答的问题数量					不确定性评级的比例
	所有问题	没有"可能"回答	有一个"可能"回答	有两个"可能"回答	有三个"可能"回答	有四个及以上"可能"回答	
一级及以下	7	5	1	0	0	1	8%
二级	15	3	2	3	3	4	22%
三级	23	2	2	11	6	2	20%
四到五级	12	1	2	2	4	3	23%
所有问题	57	11	7	16	13	10	20%

图4.5显示了人工智能在读写方面的表现的度量结果，该度量基于简单多数投票，仅使用不确定性回答少于三个的问题。其中0%和25%的评级被计为"否"（0%），75%和100%的评级被计为"是"（100%），"可能"这一回答忽略不计。该图比较了这一度量的结果与基于简单多数投票的所有问题得出的结果。它表明，在排除高度不确定性问题后，结果基本保持不变，但对于较难的问题，人工智能的预期表现有所下降。

比较人工智能读写能力评级与人类得分

"成人技能调查"的评分过程使用项目反应理论来计算每个问题的难度系数和每个成年参评者的熟练程度，两者使用相同的500分制（OECD, 2013[2]）。

根据全体专家过半数的评级,人工智能能够正确回答的读写问题的份额百分比;
度量使用"是 / 否"评级,"可能"忽略不计

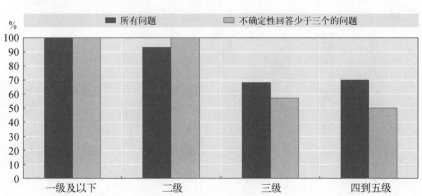

图4.5 使用高度确定性问题的人工智能读写能力表现

StatLink https://stat.link/3s20td

每位参加测试的成人被归在他们能成功回答三分之二问题的水平上。因此,具有二级读写熟练程度的成人可以成功回答大约三分之二难度为二级的问题。通常,人们更容易成功回答低于自己水平的问题,而不太可能成功回答高于自己水平的问题。例如,在二级中位水平的普通成人可以回答92%的一级问题,但只能回答26%的三级问题(OECD,2013,p.70[2])。

图4.6比较了人工智能的读写表现和三种不同读写能力水平的成人的预期表现。人工智能的表现度量基于投赞成票(评级为100%或75%)和反对票(评级为0%和25%)的专家中的简单多数。结果显示,在前三个难度级别的问题上,人工智能的得分接近三级熟练程度成人的得分。在四到五级,人工智能正确回答读写问题的预期份额更接近四级成人。然而,应谨慎解释后一个结果。如前所示,四到五级只有少数问题。相比那些难度较低的问题,专家们对这些问题显示出更高的争议性和不确定性。

图4.7比较了在"国际成人能力测评项目"读写测试中,人工智能的评级

根据大多数专家的评级, 较之不同熟练程度的成人, 人工智能能够正确
回答的读写问题的份额百分比

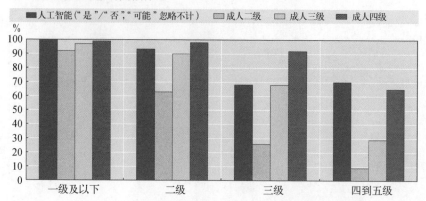

图4.6 人工智能和不同熟练程度成人的读写能力表现

来源: OECD (2012[3]; 2015[4]; 2018[5]), *Survey of Adult Skills (PIAAC) databases*, http://www.oecd.org/skills/piaac/publicdataandanalysis/ (accessed on 23 January 2023).

StatLink https://stat.link/o9c3rg

根据大多数专家的评级, 较之表现一般的成人, 人工智能能够正确回答
的读写问题的份额百分比

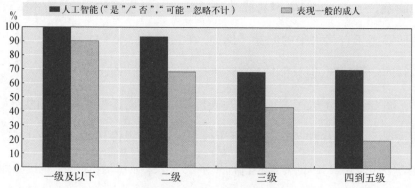

图4.7 人工智能和普通成人的读写能力表现

来源: OECD (2012[3]; 2015[4]; 2018[5]), *Survey of Adult Skills (PIAAC) databases*, http://www.oecd.org/skills/piaac/publicdataandanalysis/ (accessed on 23 January 2023).

StatLink https://stat.link/vd5jxz

和成人的平均表现。一个读写能力一般的成人预计可以成功完成90%的一级

及以下问题, 68%的二级问题, 43%的三级问题和20%的四到五级问题。大多

数计算机专家表示,与上述得分相比,人工智能有望在各个难度级别上解决更多问题。

关于人工智能读写能力测评的讨论

小组讨论和通过在线调查收集的定性反馈集中在最先进的自然语言处理技术方面,尤其是问答系统方面。专家经常提到大规模的预训练语言模型,例如GPT(Radford et al., 2018[6]),或讨论解决任务中单个组成部分的特定方案。

总的来说,专家们在讨论语言处理系统在"国际成人能力测评项目"上的应用时,似乎很轻松。有些人表示,"国际成人能力测评项目"中的读写任务,类似于自然语言处理应用在实际生活中要处理的问题。其他人则指向在人工智能研究中评估自然语言处理系统的基准测试,例如斯坦福问答系统数据集(SQuAD)(Rajpurkar et al., 2016[7]; Radford et al., 2018[6])。他们认为这些测试与"国际成人能力测评项目"中包含的问题和任务相似,因此可以用来评估人工智能在"国际成人能力测评项目"测试中的潜在表现。然而,也有一些人对在"国际成人能力测评项目"上使用专家判断评估人工智能表示担忧。

任务范围

无论是在读写还是在计算方面,评级工作的一个主要困难都与人们期待潜在人工智能系统完成的任务范围有关。一方面,如第三章所述,"国际成人能力测评项目"中的任务以各种形式呈现,包括文本、表格、图形和图像;另一方面,计算机专家习惯于考虑为细分的问题量身定制系统,并根据一组明确定义的任务在数据集上进行训练。因此,"国际成人能力测评项目"问题的巨大可变性引发了评级的不确定性，这一不确定性与假定的系统的任务范围有关。专家们被明确地指示要为一个领域内的所有任务设计一个系统。然而，一些专家倾向于将每个任务或一组相似的任务视为一个独立的问题，并评估当前人工智能解决这个特定问题的能力。相比之下，其他专家则认为可以设计通用系统来解决各种任务，例如"国际成人能力测评项目"中的任务。

专家们如何解释"国际成人能力测评项目"中的任务范围，影响了他们如何看待解决任务所需的人工智能的能力，进而影响他们最终如何评定人工智能在"国际成人能力测评项目"中的表现。这方面的一个例子与专家假设的系统对语言解释的程度有关。一些专家认为某些读写问题只需要进行"浅层"语言处理就可以解决。浅层处理涉及各种类型的模式匹配，例如根据问题措辞的相似性，将一段文本作为一个问题的回答。这些专家倾向于在这类问题上给予人工智能较高的评级，认为使用简单方法足以在文本中找到正确回答。然而，其他专家认为，为了使人工智能能够完成整个读写测试，以及不属于测试的类似任务，"深层"语言处理是必要的，这一过程涉及语言意义的解释。这类专家往往对人工智能的读写能力评级较低。

问题格式

不同解释的另一个例子与使用文本以外的格式的问题有关。在几个包含图表的问题上，小组中认为当前技术能够回答和不能回答的人各占一半。研讨会上对其中一个问题进行了更深入的讨论（二级第15题）。该试题包含一篇金融主题的短篇报纸文章，并附有两个条形图。这两个图展示了10个国家在两个财务指标上的排名，每个指标都在图标题中有明确说明。问题要求受访者指出其中一个指标上数值落在特定范围内的两个国家。这需要受访者识别呈现问题中的指标的图,定位代表特定范围内值的条形图,并查看这些条形对应的国家;该问题并不需要受访者阅读文章。

专家们普遍认为,对人工智能来说,阅读图表和处理图像仍然具有挑战性。然而,一方面,专家们表示,可以通过足量包含类似图表的数据来训练系统解决这类任务。这种训练也符合评级说明中的要求。这些要求指出,将当前技术应用到"国际成人能力测评项目"的假定开发工作中,时间应该不超过一年,花费不超过100万美元。另一方面,悲观的专家认为,目前还不存在一个通用问答系统,可以处理图表、图像和其他任务格式的自然语言算术问题。此外,开发这样的系统需要技术突破,这将远超评级说明中规定的假设投资。

答题类型

评级工作中还有很多其他挑战。一个反复出现的问题是回答问题时使用的响应类型的可变性。有些问题是多项选择题,要求受访者在几个可能的答案中选择一个正确答案。其他问题要求输入答案或在文本中标出答案。根据专家的意见,计算机可能会在某些响应类型上遇到相当大的困难,例如点击答案。

开发条件

专家被指示在其评价中考虑假设的事先准备,另一个讨论话题就聚焦于这一准备的充分性。如上所述,将人工智能系统应用到"国际成人能力测评项目"中,时间不能超过一年,经费不能超过100万美元。较为乐观的专家指出,将预算门槛提高到1 000万美元以上,就可以开发出精通读写能力测试的系统。然而,悲观主义者认为,预算限制并非开发读写系统的真正挑战。他们认为,读写任务的通用系统需要自然语言处理方面取得重大技术进步。

总的来说，调查中的讨论和书面评论表明，专家们在最先进的自然语言处理系统的读写能力上达成高度共识。专家们普遍认为，大多数"国际成人能力测评项目"中的问题可以作为独立的问题，通过接受过足量类似问题训练的系统来解决。然而，这些系统将受限于"国际成人能力测评项目"，并没有实际意义。同时，专家们也普遍认为，人工智能技术还不能像表现优异的人类一样精通"国际成人能力测评项目"中的整个读写能力测试。换句话说，它既不能理解问题的意义，也不能处理不同格式的文本，所以不能正确回答这些问题。

然而，专家们对所评估技术的要求有不同的理解。一些专家认为这项技术的使用范围应该是细分的，仅解决"国际成人能力测评项目"中的问题即可。另一些专家则认为应该开发通用系统，该系统不仅能够理解各种环境中的文本，还可以评估和利用这些文本。

人工智能在计算领域的能力评估

在"成人技能调查"中，计算能力被定义为"获取、使用、解释和传递数学信息和思想的能力，以便应对和管理成人生活中各种情况下的数学需求"（OECD, 2012[1]）。这项技能涵盖了不同的数学运算，例如计算，估计变化的比例、百分比或速率，处理空间维度，使用各种测量设备，识别模式、关系和趋势，以及理解与概率或抽样相关的统计概念。测试中的数学信息以多种形式表示，包括物体和图片、数字和符号、图表、地图、图形、表格、文本和基于技术的显示。这些问题取自与读写测试同样的熟悉场景：工作、个人生活、社会和社区以及教育和培训。

计算试题根据难度分为六个级别,从一级以下到五级(OECD, 2013[2])。简单起见,将一级以下和一级、四级和五级分别合并为一个类别。在"国际成人能力测评项目"计算能力测试中,难度为一级及以下的试题有9个,二级21个,三级20个,四到五级只有6个。

难度最低的测试题目只涉及单步运算。例如计数、排序、使用整数或货币进行基本算术运算、理解简单的百分比(如50%)或识别常见的图形或空间表征。较难的测试题目要求受试者采取多个步骤来解决任务,并使用不同类型的数学内容。例如,受试者应该分析、应用更复杂的推理、得出推断或评估解决方案或选择。数学信息以复杂和抽象的方式呈现,或嵌入在较长的文本中(请参见第三章对"国际成人能力测评项目"的概述)。

如第三章所述,11位专家评估了人工智能在"国际成人能力测评项目"读写和计算测试中的表现。随后,又邀请了4位专门从事人工智能数学推理的专家测评人工智能的计算能力。以下是参与计算能力测评的15位专家的评级。

基于不同难度级别问题的人工智能计算能力评级

人工智能计算能力评级的综合度量见图4.8所示。共分三步:一是计算每个问题"是"和"否"评级的份额百分比;二是将得到多数专家认可的评级确定为问题的最终评级;三是估计每个难度级别获得赞成票的问题的份额百分比。因此,此度量显示了根据多数专家的评级,人工智能在每个难度级别上能够正确回答的问题份额百分比。

与读写能力分析类似,根据"是"和"否"评级的处理方式,共计算三种综合度量。第一种将评级为25%和75%的不确定性回答分别视为"否"(0%)

根据全体专家过半数的评级，人工智能能够正确回答的计算问题的份额百分比

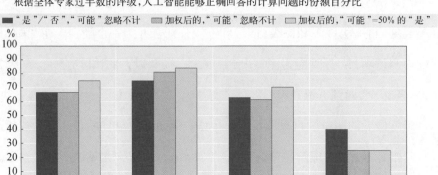

图4.8　基于不同计算方法的人工智能计算能力表现

StatLink 🔗 https://stat.link/xfea14

和"是"（100%），并忽略"可能"的评级。第二种考虑到专家的不确定性，赋予25%和75%的评级较低的权重。也就是说，25%的评级被视为0.75的"否"，75%的评级被视为0.75的"是"。第三种和第二种类似，但将"可能"评级计为0.5的"是"。

采用第一种度量时，人工智能可以正确回答67%的难度为一级及以下的问题，75%的二级问题，63%的三级问题和40%的四到五级的问题（请参见图4.8）。第二种度量在前三个难度级别上得出的结果与第一种度量类似，但在四到五级的问题上回答正确的问题占比较低，为25%。第三种将"可能"评级视为部分的"是"，结果表明，在这种计算方法下，人工智能在一级及以下、二级和三级难度的问题上的表现优于其他度量，且在四到五级，评级为25%。这三种度量都描绘了人工智能与人类不同的表现模式。也就是说，根据专家评级，人工智能有望在对人类来说难度中等的问题上表现得更好，而在最容易的问题上表现得稍微差一些。

图4.9显示了不同难度问题的评级分布情况。它表明，所有问题都有确定

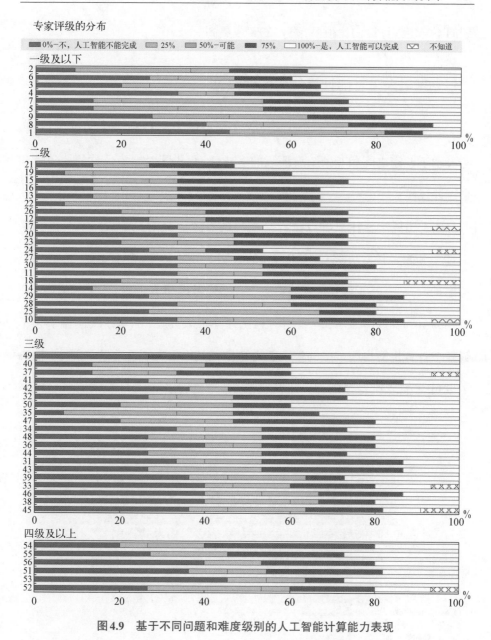

专家评级的分布

■ 0%-不，人工智能不能完成　▨ 25%　▨ 50%-可能　■ 75%　□ 100%-是，人工智能可以完成　⋈ 不知道

图4.9　基于不同问题和难度级别的人工智能计算能力表现

StatLink https://stat.link/9txzbv

的否定性评级和肯定性评级。这些对立评价的份额通常非常接近，这表明以微弱优势占多数的人决定了人工智能的计算能力。在一级及以下，有几个问

题的不确定性评级占比很高,约为20%或更高。

专家对人工智能计算能力的评级

以下分析探讨在计算领域测评人工智能能力的15位专家的个人评级。它显示了专家之间和专家个人评级的多样性,提供了对专家评估的一致性和个体评级模式的见解。

图4.10展示了用三种方法计算得出的专家评级的平均值。第一种忽略不计"可能"回答,并将25%和75%的评级分别视为0%和100%。第二种只考虑0%、25%、75%和100%的评级。第三种考虑所有的评级,将"可能"评级视为50%。该图显示,专家们的意见存在很大分歧,平均评级覆盖了人工智能在计算机能力测试中的整个能力范围。其中出现了两个极端群体:取决于度量方法,5位专家的评级平均值在0%~20%之间,4位专家的平均值在

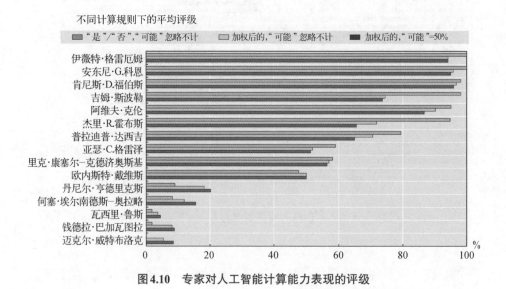

不同计算规则下的平均评级

■ "是"/"否","可能"忽略不计　　□ 加权后的,"可能"忽略不计　　■ 加权后的,"可能"=50%

图4.10　专家对人工智能计算能力表现的评级

80%～100%之间。

图4.11比较了11位初始专家的测评结果与4位人工智能数学推理专家的测评结果，后者是按照修订版框架进行测评的。修订内容主要包括提供更多关于"国际成人能力测评项目"的信息和示例，以及要求专家描述一种能同时解决该领域所有问题的人工智能方法。

11位核心专家的评级与4位人工智能数学推理专家的评级对比

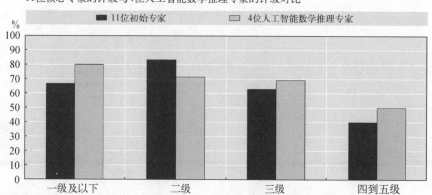

图4.11　专家组对人工智能计算能力表现的评级

StatLink https://stat.link/j4aysr

总的来说，根据肯定性评级（75%和100%）和否定性评级（0%和25%）之间的简单多数计算得出的度量，两次测评的结果相似。在一级及以下和三级及以上的难度上，第一次测评的综合评级略低于4位数学推理专家的综合评级。在二级难度上，11位初始专家的结果比随后重新测评的评级高12%。这些细微差异表明，无论是测评框架的变化，还是专业知识重点的变化，都没有对专家群体在计算能力方面的评级产生实质性的影响。

专家们在人工智能计算能力方面的分歧

表4.3提供了更多有关专家一致意见的见解。它显示了在不同的计算

"是"和"否"评级的方式下，超过一半或者三分之二的计算机专家达成一致的问题数量。在简单多数制下，当将75%和100%的评级视为"是"，将0%和25%的评级视为"否"时，超过半数的专家在53个问题上达成一致。当给予25%和75%的评级较小的权重时，超过半数的专家只在42个问题上达成一致。当将"可能"视为部分"是"时，超过半数的专家们在48个问题上达成一致。这表明，上述加权综合度量只适用于数量相对较少的计算问题。

表4.3　专家在人工智能计算问题上的一致意见

| 问题难度 | 数量 | 根据下列规则达成一致的问题数量 | | | | | |
| | | 简单多数制 | | | 三分之二多数制 | | |
	所有问题	"是"/"否"，"可能"忽略不计	加权后的，"可能"忽略不计	加权后的，"可能"=50%的"是"	"是"/"否"，"可能"忽略不计	加权后的，"可能"忽略不计	加权后的，"可能"=50%的"是"
一级及以下	9	9	9	8	2	1	2
二级	21	20	16	19	11	2	5
三级	20	19	13	17	4	0	1
四到五级	6	5	4	4	1	0	0
所有问题	56	53	42	48	18	3	8

在人工智能计算能力评级中，大多数问题无法得到三分之二专家的认同。只有18个问题在另一种度量方法得到三分之二的多数同意，该方法将评级视为"是"或"否"，并忽略不计"可能"回答。而在加权计算的度量中，当"可能"回答忽略不计时，只有3个问题得到了三分之二多数同意，当把"可能"回答作为50%的"是"时，有8个问题得到了三分之二多数同意。但这些问题显

然不足以评估人工智能的计算能力。

专家在人工智能计算能力方面的不确定性

表4.4概述了计算能力测评中不确定性评级的数量。总体而言,计算能力测评中的不确定性低于读写能力测评中的不确定性。计算能力测评中只有12%的回答是"可能"或"不知道",而读写能力测评中有20%。在评估读写能力时,问题越难,不确定性越高。相反,在评估计算能力时,不确定性在一级及以下的问题上最高,在四到五级的问题上最低。也就是说,在最简单的计算问题上的所有评级中,有17%是"可能"或"不知道"回答,而在四到五级的问题上,这个比例是8%。只有少数计算问题获得了大量不确定性评级:7个问题有3个不确定性评级,而3个问题有4个或更多的不确定性评级。

表4.4 专家在人工智能计算问题上的不确定性

问题难度	数量	得到"可能"或"不知道"回答的问题数量					不确定性评级的比例
	所有问题	没有"可能"回答	有一个"可能"回答	有两个"可能"回答	有三个"可能"回答	有四个及以上"可能"回答	
一级及以下	9	0	3	2	3	1	17%
二级	21	3	5	9	2	2	12%
三级	20	3	5	10	2	0	11%
四到五级	6	2	2	2	0	0	8%
所有问题	56	8	15	23	7	3	12%

图4.12显示排除有3个或更多不确定性评级的10个问题后,计算出的人工智能计算能力的综合度量。该度量使用"是"与"否"投票的简单多数制

根据全体专家过半数的评级,人工智能能够正确回答的计算问题的份额百分比;
度量使用"是"/"否"评级,"可能"忽略不计

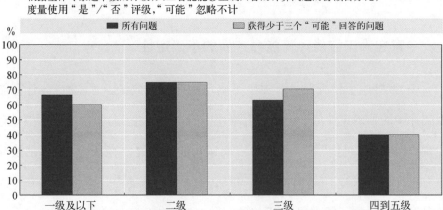

图4.12   使用高度确定性问题的人工智能计算能力表现

StatLink ⧉ https://stat.link/1styv3

(100%和75%的评级与0%和25%的评级)并排除"可能"评级。它的结果与
所有问题都使用简单多数方法度量得到的结果相似。唯一的差异在一级和三
级难度上,在这些难度级别上,高度确定性问题的度量分别得出了较低和较高
的人工智能分数。

比较人工智能计算能力评级与人类得分

如第三章所述,对"国际成人能力测评项目"中的问题难度和表现的评
级同样采用500分制。根据受访者正确回答问题的数量及其难度对其进行评
级。简单起见,将问题难度或受访者的熟练程度分为六个级别。熟练程度达
到特定水平的受访者有67%的概率成功完成该水平的测试问题。该受访者也
可能以较低的成功率完成更难的问题,以更高的成功率答出更容易的问题。

图4.13比较了人工智能的计算能力表现与熟练程度为二级、三级和四级
成人的平均表现。该人工智能表现度量显示,根据15位专家过半数通过的

根据大多数专家的评级，较之不同熟练程度的成人，人工智能能够正确回答的计算问题的份额百分比

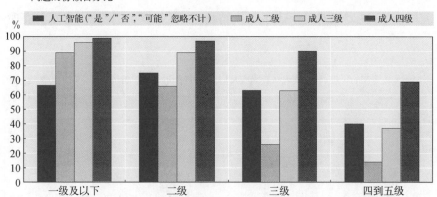

图4.13　人工智能和不同熟练程度成人的计算能力表现

来源：OECD (2012[3]; 2015[4]; 2018[5]), *Survey of Adult (PIAAC) Databases*, http://www.oecd.org/skills/piaac/publicdataandanalysis/ (accessed on 23 January 2023).

StatLink ◪ https://stat.link/mnpktw

评级，人工智能能够正确回答的问题的比例。它仅依据专家肯定性（75%和100%）和否定性（0%和25%）的评级，"可能"回答忽略不计。成人的表现也可以用类似的方式来解释：得分处于某一熟练程度中等水平的受访者预计能够成功完成的问题的比例。

　　结果表明，与人类表现相比，人工智能的计算能力表现在不同难度的问题上变化较小。也就是说，人工智能在不同问题上的表现相似，而成人在最容易的问题上表现较好，在最难的问题上表现较差。在一级及以下，人工智能和人类之间的表现差距最大，预计人工智能能解决67%的问题，而二级成人能解决89%的问题。在二级难度上，人工智能的预期成功率（75%）位于二级成人（66%）和三级成人（89%）之间。在三级、四到五级难度上，人工智能的表现与三级成人相当。

　　此外，图4.14比较了"国际成人能力测评项目"中人工智能和表现一般的

成人。与人类的平均表现相比,预计人工智能的计算能力在一级及以下难度上表现较差,在二级难度上表现与人类相当,在三级、四到五级难度上表现弱于人类。

根据大多数专家的评级,较之表现一般的成人,人工智能能够正确回答的计算问题的份额百分比

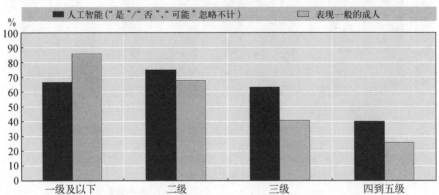

图4.14　人工智能和普通成人的计算能力表现

来源: OECD (2012[3]; 2015[4]; 2018[5]), *Survey of Adult Skills (PIAAC) Databases*, http://www.oecd.org/skills/piaac/publicdataandanalysis/ (accessed on 23 January 2023).

StatLink https://stat.link/ofb56d

总体而言,人们应当谨慎对待这些结果。人工智能计算能力的度量仅基于专家们对于人工智能能否完成"国际成人能力测评项目"中的计算任务的脆弱共识。下一节将提供更多专家们对于量化人工智能计算能力度量共识的见解。

关于人工智能计算能力测评的讨论

在小组讨论中,11位计算机专家阐述了他们在测评读写和计算能力时遇到的困难。这让我们第一次深入了解计算领域产生分歧和不确定性的诱因。在另一个研讨会中,一些专家讨论了如何改进测评框架以应对这些挑战。随后,又邀请4位人工智能数学推理方面的专家,使用修订后的框架测评计算能力,并在线上研讨会上讨论这项工作。下一节将描述在这三个研讨会上收集

到的专家反馈,并说明根据这些反馈采取的改进步骤。

计算问题的挑战

总体而言,对人工智能计算能力进行首次评级的11位专家认为,这项任务比读写能力的测评更复杂。他们认为,计算问题与人工智能研究通常解决的问题相去甚远。相比读写任务,计算任务由于实际适用性有限,受到关注较少。他们表示,虽然这些任务给人工智能技术带来的挑战并不比读写任务更大,但是,由于缺乏对解决这些问题的兴趣和投资,当前的系统难以精确解决这些问题。

在研讨会上,11位专家讨论了计算能力测试对人工智能的要求。总体而言,与读写能力测评相比,假设系统应该掌握的任务范围更加模糊。这是因为计算问题更加多样化,包括更多的图表、图像、表格和地图。这使得一些专家将计算问题视为单独的、特定的问题,并评估人工智能解决逐个问题的能力。相比之下,其他专家则关注整个测试,将其视为人工智能在各种环境下进行数学推理和处理多模态输入的普遍挑战。专家们对计算能力测试范围的看法影响了他们的评估。较之关注普遍挑战的专家,那些关注特定问题的专家通常会给出更多肯定性评级。

对一道评级分歧较大的计算问题的讨论,可以阐明上述差异。该试题(二级第20题)展示了一本记录销售员工作旅行里程的日志。该问题要求受访者估算上一次差旅费用的报销。这需要应用一个简单公式,将旅行里程数乘以每英里支付的金额,再加上每天额外支出的固定金额。一组专家认为,可以通过足量的训练数据对一般的问答系统进行微调,使其能够处理类似的数据。这些专家在这个问题上给出了较高评级。另一组专家则反对这种做法,认为虽然单个问题可能可以通过足够的微调来解决,但需要付出更大的努力才能制定出所有计算问题的解决方案,并将它们整合到一个单一系统中。这些专家在这个问题上给出了较低评级,因为对于单个系统是否可以解决这个问题和计算能力测试中其他所有问题,他们持怀疑态度。

专家评估的开发方法例证

以下讨论主要集中在如何开发一种架构,使单个系统能够解决不同类型的问题。下述三种方法受到的关注较多。

第一种方法,由乐观派中一位评级较高的专家提出,主张使用分类器对解决不同问题类型的专用系统进行组合。首先,将采用类似于特定问题类型的大量数据对每个专用系统都进行单独训练。然后,分类器将读取"国际成人能力测评项目"任务的特定类型,并提供相应的解决方案。专家认为,在当前技术阶段,只要有足够的训练数据,这样的专业系统是可能的。然而,他们提供的解决方案应用范围狭窄,仅限于"国际成人能力测评项目"测试,并且无法应对任务中的微小变化。

第二种方法,由评级分数居中的一位专家提出,是大多数专家描述的机器学习方法的替代方案。它包括设计一系列组件,以获得在测试中表现出平均水平所需的不同能力。例如,该方法将不同的组件组合起来,以便理解语言、类比推理、处理图像和解决问题。

第三种方法,由一些评级较低的专家提出,是一种多模态系统,可以同时在不同类型的任务上训练。通过处理不同类型的数据,同时学习不同类型的任务,提升系统的通用性和推理能力。然而,多任务、多模式学习仍处于发展阶段,这解释了为什么支持这种方法的专家评级较低。

这一讨论表明,鼓励专家详细阐述具体的方法有益于评级工作。通过更明确地说明单个系统应该能同时处理一个领域中所有类型的问题,它为专家提供了一个共同的评估基础。它还促进了理解和沟通,这可能有助于专家在评估中达成共识。因此,该研究在评级工作中增加了一个调查问题,要求专家简要描述一个可以解决某一测试领域所有问题的人工智能系统。

为专家提供更多"国际成人能力测评项目"信息

专家提出其他修改评级工作的建议,表示需要更多有关"国际成人能力测评项目"的信息。这可以帮助他们确定要解决的问题范围和要评估的假设系统的广度。OECD项目组向专家提供了"国际成人能力测评项目"测评框架(OECD, 2012[1])的相关信息,包括有关测评考核的基本技能的概念信息,以及有关测试问题类型和格式的实用信息。这些信息中增加了9个测试问题,代表不同的难度级别和格式,可以为专家提供具体的任务示例。

一些专家又组织了一场研讨会,讨论了提出的改进措施。专家提前收到"国际成人能力测评项目"的材料和任务示例。他们被要求使用这些信息描述解决测试的高级方法。在研讨会上,专家讨论了修订后的测评框架的实用性和可行性。他们一致认为,附加的信息和示例有助于他们更好地理解测试对人工智能系统的要求。此外,专家提出修改建议,考虑假设投资100万美元以使现有技术适应该测试。然而,假定的投入应该适应人工智能重大商业开发项目的规模,以更好地反映该领域的现实。基于这个反馈,OECD团队最终确定了"国际成人能力测评项目"的描述材料,并修订了评级说明。

4位人工智能数学推理专家测试了修订后的评估框架。他们受邀参与测评,只需完成计算能力测评,并在线上研讨会上讨论结果。尽管进行了修订,但专家们的评价还是褒贬不一。其中,1位专家提供了过于负面的评价,1位专家主要给出了正面的评价,2位专家的评价则处于中间水平。

定量分歧,定性一致

讨论表明,"国际成人能力测评项目"要求的模糊性并非导致计算能力评级差异的原因。4位专家觉得测试描述和评级工作都很清晰。他们不认为任务的可变性是评估单一系统的挑战。相反,他们讨论了过去一年内人工智能在数学推理方面的快速发展,还探讨了人工智能在不久的将来完成计算能力测试的可能性。

在第一次和第二次计算能力测评之间,即2021年12月至2022年9月期间,该领域取得了重大进展。这包括数学推理的主要基准测试程序"数学"数据集的发布(Hendrycks et al., 2021[8]),以及基于定量问题微调的大型语言模型的开发,如谷歌的Minerva、Codex和Bashkara等系统(Lewkowycz et al., 2022[9];Davis, 2023[10])。此外,著名的人工智能实验室一直在研究可以同时处理图像和文本的多模态系统。这一点在专家的评估中得到不同程度的反映。

3位给出中高评级的专家认为,鉴于该领域的最新进展,人工智能已经大致能完成"国际成人能力测评项目"中的计算能力测试。因此,在这个方向上假定的技术投入可能会在不到一年的时间内产生预期结果。相比之下,评级最低的专家关注的是人工智能技术的现状,这些技术目前还无法完成计算能力测试。然而,他赞同人工智能也许会在一年内达到这一阶段。

总体而言,修改测评框架,特别是提供更多"国际成人能力测评项目"的信息和示例,使计算能力测试考查的人工智能能力更加清晰,同时增进了这方面的共识。用修订后的框架完成计算能力测评的4位专家普遍认为,当前系统已经大致能处理测试中使用的不同格式。为了将这种定性一致转化为评级的定量一致,需要缩短评级说明中的时间限制。这将使人们能够更准确地评估人工智能技术的最新水平。

参 考 文 献

- Davis, E. (2023), *Mathematics, Word Problems, Common Sense, and Artificial Intelligence*, https://arxiv.org/pdf/2301.09723.pdf (accessed on 28 February 2023). [10]

- Hendrycks, D. et al. (2021), "Measuring Mathematical Problem Solving with the MATH Dataset". https://arxiv.org/pdf/2103.03874v2.pdf (accessed on 19 September 2023). [8]

- Lewkowycz, A. et al. (2022), "Solving Quantitative Reasoning Problems with Language Models". https://arxiv.org/pdf/2206.14858.pdf (accessed on 19 September 2023). [9]

- OECD (2018), *Survey of Adult Skills (PIAAC) Database*, http://www.oecd.org/skills/piaac/publicdataandanalysis/ (accessed on 23 January 2023). [5]

- OECD (2015), S*urvey of Adult Skills (PIAAC) Database*, http://www.oecd.org/skills/piaac/publicdataandanalysis/ (accessed on 23 January 2023). [4]

- OECD (2013), *The Survey of Adult Skills: Reader's Companion*, OECD Publishing, Paris, https://doi.org/10.1787/9789264204027-en. [2]

- OECD (2012), *Literacy, Numeracy and Problem Solving in Technology-rich Environments: Framework for the OECD Survey of Adult Skills*, OECD Publishing, Paris, https://doi.org/10.1787/9789264128859-en. [1]

- OECD (2012), *Survey of Adult Skills (PIAAC) Database*, http://www.oecd.org/skills/piaac/publicdataandanalysis/ (accessed on 23 January 2023). [3]

- Radford, A. et al. (2018), *Improving Language Understanding by Generative Pre-Training*, https://s3-us-west-2.amazonaws.com/openai-assets/research-covers/language-unsupervised/language_understanding_paper.pdf (accessed on 1 February 2023). [6]

- Rajpurkar, P. et al. (2016), "SQuAD: 100,000+ Questions for Machine Comprehension of Text". https://www.researchgate.net/publication/304018244_SQuAD_100000_Questions_for_Machine_Comprehension_of_Text (accessed on 19 September 2023). [7]

附录4.A　补充表格

附录表 **4.A.1**　第四章在线表格列表 *

表编号	表　格　标　题
表 A4.1	专家对当前计算机回答"国际成人能力测评项目"中读写问题的能力的个人评估
表 A4.2	专家对当前计算机回答"国际成人能力测评项目"中计算问题的能力的个人评估
表 A4.3	专家对2026年计算机回答"国际成人能力测评项目"中读写问题的能力的个人评估
表 A4.4	11位核心专家对2026年计算机回答"国际成人能力测评项目"中计算问题的能力的个人评估
表 A4.5	4位人工智能数学推理专家对2026年计算机回答"国际成人能力测评项目"中计算问题的能力的个人评估

StatLink ﮩ﮳ﺴﺩ https://stat.link/7bx9mt

---

* 编者注：本附录表中所列五个表格在英文版中为在线表格，纸质版图书中未附上。由于正文中并未提及相关内容需参照这些表格，故简体中文版亦未译出并附上。如需查看相关内容，请浏览本表下面所附网址对应的网页。

第五章

2016—2021年
人工智能读写和计算能力的变化

本章分析了2016—2021年人工智能在读写和计算方面的能力变化，为此，比较了完成试点测评和后续测评的专家组的大部分反馈。此外，本章还研究了同时参与两次测评的专家在此期间对人工智能评估的变化，并研究了专家间一致性水平和在两次评估中不确定答案的普遍性，以比较2016年和2021年专家组评级的质量。最后，本章分析了专家对人工智能能力到2026年的发展预测，以期了解近期人工智能可能的进展方向。

　　追踪人工智能的进展对于预测这种技术对工作和教育的影响至关重要。定期测评人工智能能力,有助于了解人工智能领域技术发展的方向、速度和内容,这一知识库可以帮助政策制定者开发现实可行的图景,了解如何重新定义工作和技能需求,认识如何重新制定教育和劳动力市场政策,以应对这种变化。

　　本章比较了2016年和2021年的测评结果,以研究在此期间人工智能在读写和计算方面的能力发展。2016年,在为期两天的研讨会上,11位计算机科学家对人工智能在"国际成人能力测评项目"中读写、计算和解决问题测试中的潜在表现进行了评级。他们采用"是""可能"或"否"对人工智能是否可以解决每个测试问题进行评级。此外,3位计算机科学家还测评了人工智能是否可以在未来10年内,即到2026年,解决这些问题(Elliott,2017[1])。

　　2021年的后续测评中,11位专家(其中有6位参与了2016年的试点研究)通过在线调查测评了人工智能在读写和计算方面的能力,并在为期四小时的研讨会上讨论了测评结果。他们遵循了与2016年相似的评级说明,却使用了不同的评级量表,从0%(确信人工智能无法解决问题)到100%(确信人工智能可以解决问题)。另外,还有4位数学推理方面的人工智能专家按照修订后的评级说明完成了计算能力测评。此外,所有专家都预测了未来五年人工智能能力的发展状况。

　　首先,本章分析了自2016年以来报告的人工智能读写能力的变化,以及专家对这些能力到2026年的发展预测;然后,比较了11位专家在2016年和15位专家在2021年提供的人工智能计算能力表现评级,并预测了人工智能计算能力未来的表现。

人工智能读写能力随时间推移的变化

后续测评旨在提供与2016年测评结果可比的结果,并改进收集专家判断"国际成人能力测评项目"中人工智能能力的方法。对2016年测评的一些显著改进包括使用促进性讨论技巧和五级量表测评专家的评级及其对评级的置信度。该量表如图5.1所示,另附上2016年使用的回答类别。0%和100%类别分别表示绝对否定评级和绝对肯定评级,而25%和75%的回答则代表低置信度。接着,将0%和25%的评级归为一类,75%和100%的评级归为一类。由此,2021年使用的回答类别可与2016年使用的"是""可能"或"否"类别进行比较(见图5.1)。

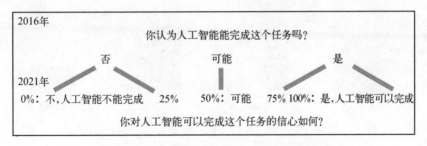

图5.1 2016年和2021年测评使用的回答类别

为了将专家的评级汇总为单个人工智能度量,本研究依据大多数专家的评估将每个读写问题标记为人工智能可以解决或无法解决。随后,本研究估计了人工智能在每个难度级别问题上可以解决的读写问题的百分比。

2016—2021年人工智能读写能力表现的变化

图5.2比较了2016年和2021年读写测评中的汇总结果[1]。这些测量方法基于大部分"否"和"是"评级,"可能"评级忽略不计。结果表明,人工智能

在读写测试中的表现得到显著改善。根据大多数专家的评估,2016年,人工智能可以正确回答71%的二级问题,48%的三级问题和20%的四到五级问题。2021年,这些难度级别的成功率在93%～68%之间波动。这代表了人工智能在整个"国际成人能力测评项目"读写测试中的正确率提高了25个百分点,即大多数专家认为人工智能可以解决问题的比例,从2016年的55%提高到2021年的80%。

根据全体专家过半数的意见,人工智能可以正确回答读写问题的份额百分比:
度量使用"是"或"否"评级,"可能"忽略不计

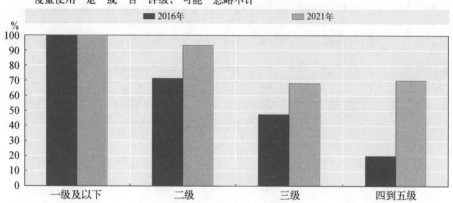

图5.2　基于问题难度的2016年和2021年人工智能读写能力表现

来源:摘自 Elliott, S. (2017[1]), *Computers and the Future of Skill Demand*, Educational Research and Innovation, OECD Publishing, Paris, https://doi.org/10.1787/9789264284395-en.

StatLink ᵯᵯ᠍ᶴᶫ https://stat.link/z47gt6

此外,图5.3展示了2016年和2021年的人工智能读写表现,将"可能"评级视作部分"是"。具体而言,将"可能"回答视为加权0.5的"是"。然后,用超过包括"可能"评级在内的所有评级50%的投票来决定人工智能在每个问题上的成功率。将"可能"计为0.5的"是"时,这两年的人工智能读写分数都更高。然而,总体情况仍然相似。2021年,人工智能在二级及以上难度级别上的读写表现优于2016年的。

这些结果反映了自2016年以来自然语言处理领域的进展。如第二章所述,自2018年引入大型预训练语言模型以来,自然语言处理取得巨大进展。这些模型包括基于语言模型的嵌入(Peters et al., 2018[2])、GPT(Radford et al., 2018[3])和基于转换器的双向编码表征模型(Devlin et al., 2018[4])。这些模型经由海量的数据训练,在特定语言任务的系统中起着重要作用。据各种基准测试程序和系统评估测试的衡量,它们的引入推动了自然语言处理最新技术的发展(见第二章)。

按问题难度划分,根据全体专家过半数的意见,人工智能正确回答读写问题的份额百分比

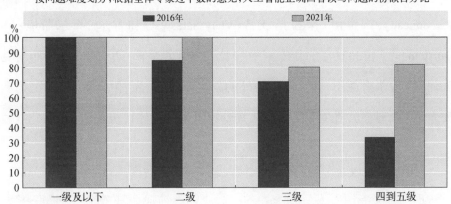

图5.3   2016年和2021年人工智能读写能力表现(将"可能"计为50%的"是")

来源:摘自 Elliott, S. (2017[1]), *Computers and the Future of Skill Demand*, Educational Research and Innovation, OECD Publishing, Paris, https://doi.org/10.1787/9789264284395-en.

StatLink https://stat.link/tjqrny

参与两次测评的专家眼中人工智能读写能力表现的变化

随着评级专家组成的变化,不同时间内人工智能表现评级的比较可能存在偏差。如果专家组在乐观主义者和悲观主义者的构成、专业知识的组成或其他相关测评特征方面存在差异,这些差异将反映在总体人工智能评级中,并错误地归因于两个时间点人工智能能力的差异。有关这些潜在混淆因素的信

息尚不可获取。然而,分析参与两次测评的6位专家如何随时间改变其评级,将弥补不同时间点使用不同专家组的大部分潜在偏差。

图5.4概述了2016年和2021年所有专家的平均读写评级状况。总体而言,专家平均评级的分布在两年中相似,2021年的评级平均值高于2016年的。双样本独立 t 检验表明,专家平均评级有显著增加[$t(20)=1.5$; $p=0.08$]。

图5.4中的蓝色条形图表示仅参与一次测评的专家平均评级。在试点中参与但未继续参与后续测评的5位专家在2016年的平均评级较高[摩西·瓦迪(Moshe Vardi)、马克·斯蒂德曼(Mark Steedman)、丽贝卡·帕索诺(Rebecca Passonneau)、维贾伊·萨拉斯沃特(Vijay Saraswat)和吉尔·布尔斯坦(Jill Burstein)]。在2021年的新专家中,2位专家评级最低(迈克尔·威特布洛克和何塞·埃尔南德斯-奥拉略),另外2位专家评级最高(伊薇特·格雷厄姆和安东尼·G.科恩),还有1位专家在其专家组中的整体评级位居中等水平(钱

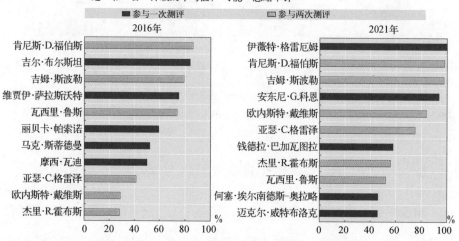

图5.4　2016年和2021年读写能力的专家平均评级

来源: 摘自 Elliott, S. (2017[1]), *Computers and the Future of Skill Demand*, Educational Research and Innovation, OECD Publishing, Paris, https://doi.org/10.1787/9789264284395-en.

StatLink ▆▅▆ https://stat.link/yhig9e

德拉·巴加瓦图拉)。灰色条形图显示了参与两次测评的6位专家的评级平均值,他们是欧内斯特·戴维斯、肯尼斯·D.福伯斯、亚瑟·C.格雷泽、杰里·R.霍布斯、瓦西里·鲁斯和吉姆·斯波勒。他们的平均评级代表了2016年和2021年测评中关于人工智能的不同观点。

除了瓦西里·鲁斯之外,其他参与两次测评的专家都认为2021年人工智能在读写测试中的潜在表现优于2016年。配对样本t检验表明,"同一人"评级分数显著增加$[\,t(5)=2\,;\,p=0.05\,]$。

在讨论中,瓦西里·鲁斯明确表示,他评级分数的下降是出于他对评级工作的理解,并非出于他对自然语言处理技术的评估。具体而言,他假设2021年有一个更通用的读写系统,能像人类一样灵活地执行读写任务。因为他对被评级系统的期望更高,所以他在2021年给人工智能的评级就比较低。

图5.5展示了仅依据参与两次测评的6位专家评估的人工智能综合读写

按问题难度划分,根据全体专家过半数的意见,人工智能能正确回答读写问题的份额百分比;度量使用"是"或"否"评级,"可能"忽略不计

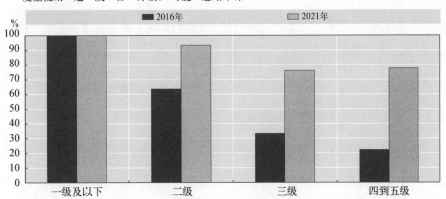

图5.5　参与两次测评的专家眼中的2016年和2021年人工智能读写能力表现

来源:摘自Elliott, S. (2017[1]), *Computers and the Future of Skill Demand*, Educational Research and Innovation, OECD Publishing, Paris, https://doi.org/10.1787/9789264284395-en.

StatLink 🔳 https://stat.link/435v6j

表现。这些结果与从全部专家那里获得的结果一致,显示了"国际成人能力测评项目"中人工智能读写表现随时间变化显著的改善。6位专家2021年提供了比全部专家更积极的评级,2016年则提供了更消极的评级(请参见图5.2)。基于他们的评级的估计,2016年人工智能读写表现水平:二级为63%,三级为33%,四到五级为22%。而在2021年,这些人工智能评级分别为93%、76%和78%。总体而言,根据这6位专家的判断,整个读写测试中的人工智能表现的成功率增长了37个百分点,人工智能在读写测试中的预估成功率从2016年的48%增长到2021年的85%。

读写测评中专家意见的一致性与置信度比较

跨时间比较人工智能能力的有效性,需要专家在每个时间点对人工智能技术的现状有足够的一致性和确定性。本节将研究两次读写测评的一致程度和不确定答案的普遍性,以比较2016年和2021年群体评级的质量。

图5.6显示了"国际成人能力测评项目"试点测评和后续测评中读写问题多数派体量的平均值。例如,如果测评中包括10位专家对A和B两个问题的评级,如果A收到6个"是"和4个"否",B得到2个"是"和8个"否",则多数派平均体量为70%。这是A达到60%多数派和B达到80%多数派的平均值,这个平均值可以反映专家之间的总体一致性水平。

2021年,所有读写问题达成的多数派平均体量为78%,接近2016年的75%。在两次测评中,平均一致性最高的是最容易的问题,随着问题难度的升高,平均一致性也逐渐降低。平均而言,在所有问题中,2021年的多数派在二级和三级大于2016年的多数派,在四到五级则小于2016年。

尽管提供确定性评级的专家的意见存在高度一致性,但一些专家针对许多读写问题提供了不确定的答案。图5.7显示了不同难度级别的读写问题收到三个或更多"可能"或"不知道"评级的百分比。无论是在2016年还是

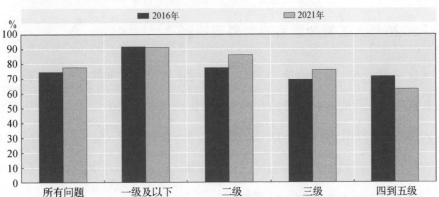

图 5.6　2016 年和 2021 年读写问题评级中的多数派平均体量

来源：摘自 Elliott, S. (2017[1]), *Computers and the Future of Skill Demand*, Educational Research and Innovation, OECD Publishing, Paris, https://doi.org/10.1787/9789264284395-en.

StatLink https://stat.link/ptagik

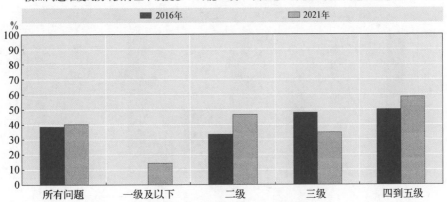

图 5.7　2016 年和 2021 年获得三个或更多不确定性评级的读写问题的百分比

来源：摘自 Elliott, S. (2017[1]), *Computers and the Future of Skill Demand*, Educational Research and Innovation, OECD Publishing, Paris, https://doi.org/10.1787/9789264284395-en.

StatLink https://stat.link/ky0enx

2021年,随着问题难度的增加,收到不确定性回答的问题百分比均有所增加。不确定性在两次测评中相似,在2016年和2021年,所有读写问题中约有40%获得三个或更多不确定的评级。

2026年人工智能读写能力表现预测

反复测评人工智能的能力,有助于感受这种技术发展的方向和速度。另一种获取人工智能进展信息的方式是让专家预测其未来的能力。试点研究请欧内斯特·戴维斯、肯尼斯·D.福伯斯和亚瑟·C.格雷泽3位专家对2026年人工智能在读写问题上的潜在表现进行了预测。在后续测评中,所有11位专家均提供了对2026年的预测。结果如图5.8所示。

根据大多数专家的意见,到2026年,计算机在读写方面的表现将会有显著改善。最近的预测比2016年的更为乐观。后续测评中的专家预测,到2026

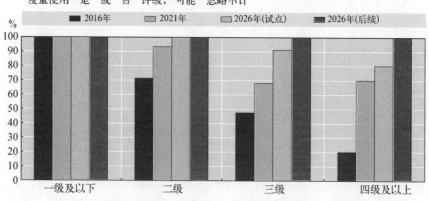

图5.8 基于问题难度的2026年人工智能读写能力表现预测

来源:摘自Elliott, S. (2017[1]), *Computers and the Future of Skill Demand*, Educational Research and Innovation, OECD Publishing, Paris, https://doi.org/10.1787/9789264284395-en.

StatLink https://stat.link/crlngt

年,人工智能将能够回答所有的读写问题。试点研究中3位专家的预测表明,2026年人工智能表现水平为三级91%,四到五级80%。

在人工智能技术快速发展的情况下,短期内的预测可能更准确。此外,专家指出,他们在申请研究经费时,通常会提供3～5年的预测。因此,他们更习惯于在更短的时限内思考人工智能的进展。

人工智能计算能力随时间推移的变化

后续研究对人工智能在计算能力方面的测评与试点研究略有不同。作为为期两天的测评研讨会的一部分,试点研究邀请11位专家对"国际成人能力测评项目"中的每个计算问题进行评级。相反,后续研究在两轮测评中收集了15位专家的意见。在第一轮测评中,11位专家(其中6位参与了试点研究)就人工智能在每个计算问题的当前表现以及2026年预期表现进行了评级。他们收到与试点研究类似的说明。在第二轮中,4位具有数学推理方面专业知识的人工智能专家收到关于"国际成人能力测评项目"测试的更多信息,同时项目组也要求他们构想一个解决所有计算问题的单一系统。随后,他们对每个计算问题的当前技术进行了评级。此外,他们还提供了一个单一的评级,即人工智能能否在五年内完成整个计算测试。

本节比较了2016年11位专家对当前人工智能能力的评级与参与后续研究的15位专家的综合评级。然后,通过分别观察试点研究、后续研究的第一轮和第二轮的预测评级,提供了对2026年的预测评级。与读写分析一样,后续研究中专家的答案被分为"否"(0%和25%)、"可能"(50%)和"是"(75%和100%)三个类别,方便与试点测评进行比较。

2016年和2021年人工智能计算能力表现的变化

图5.9使用基于"是"和"否"评级的度量,比较了试点测评和后续测评中的人工智能计算能力的评级。该图显示,经测评,在所有难度级别的问题上,人工智能计算能力都有所下降。在难度级别为一级及以下和二级问题上,下降幅度较小。在三级和四到五级的难度级别上,下降幅度分别为19和35个百分点。根据大多数专家的意见,在两次测评之间,人工智能在整个计算能力测试中表现的评级下降了14个百分点。

根据全体专家过半数的意见,人工智能可以正确回答计算问题的份额百分比;度量使用"是"或"否"评级,"可能"忽略不计

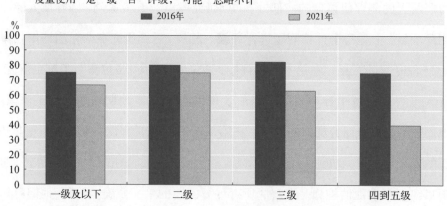

图5.9 基于问题难度的2016年和2021年人工智能计算能力表现

来源: 摘自Elliott, S. (2017[1]), *Computers and the Future of Skill Demand*, Educational Research and Innovation, OECD Publishing, Paris, https://doi.org/10.1787/9789264284395-en.
StatLink ᠊ᠲ᠍ᠯ https://stat.link/v1umpg

图5.10将"可能"评级视为部分"是"评级的度量,得出类似结果。当将"可能"评级添加至"是"评级中,所有难度级别的计算问题中获得大多数肯定回答的百分比都有所增加。然而,人工智能计算能力在2016年和2021年两次测评中的表现仍存在差距:尤其是在难度较高问题上,2021年的表现评级

低于2016年。

专家对评级工作的不同解读可能导致这些反直觉的发现。如第四章所述，后续测评要求专家对一个假定解决"国际成人能力测评项目"计算测试系统的能力进行评级。讨论表明，这导致一些专家假设了一个通用的人工智能计算系统，这个系统可以使用类似人类的方式解决各种数学问题。由于当前技术还没有达到这种通用性的阶段，这些专家的评级更加负面。

按问题难度划分，根据全体专家过半数的意见，人工智能能正确回答计算问题的份额百分比

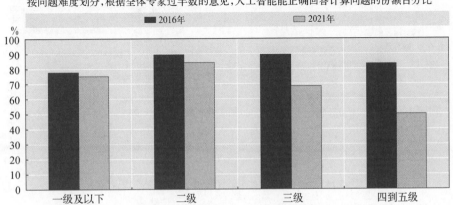

图5.10 **2016年和2021年人工智能计算能力表现（将"可能"计为50%的"是"）**

来源：摘自Elliott, S. (2017[1]), *Computers and the Future of Skill Demand*, Educational Research and Innovation, OECD Publishing, Paris, https://doi.org/10.1787/9789264284395-en.

StatLink 🔗 https://stat.link/16hvo4

参与两次测评的专家眼中人工智能计算能力表现的变化

另外一个导致计算能力不合理下降的诱因可能是两次测评中专家构成不同。例如，更悲观的专家或具有某种不同专业知识的专家可能参与了后续研究。考虑到这种潜在的偏差，以下分析仅使用参与两次测评的6位专家的评级。虽然这些专家的意见也许不能完全代表该领域的相关专业知识，但是个人的历时比较有助于更好地理解人工智能变化的方向，因为这种比较消除了

两次测评中使用不同专家组可能导致的混淆。

图5.11展示了完成试点测评和后续测评的所有专家的个人平均评级。它显示2021年专家的平均评级比2016年的波动性更大,2021年的平均评级也更低。但是,双样本独立t检验显示这种差异并不显著 [$t(24)=0.89$; $p=0.19$]。

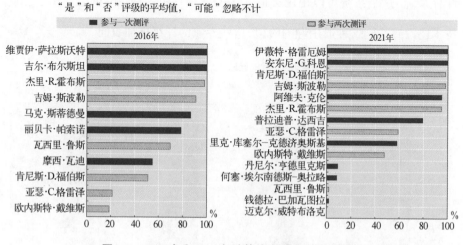

"是"和"否"评级的平均值,"可能"忽略不计

图5.11　2016年和2021年计算能力的专家平均评级

来源:摘自Elliott, S. (2017[1]), *Computers and the Future of Skill Demand*, Educational Research and Innovation, OECD Publishing, Paris, https://doi.org/10.1787/9789264284395-en.

StatLink 🔣 https://stat.link/cgas53

观察参与两次测评的6位专家(灰色条)的评级情况,其中有4位专家认为,较之2016年,2021年人工智能计算能力表现更好。这些专家是肯尼斯·D.福伯斯(2016年51%,2021年98%)、吉姆·斯波勒(91%和98%)、亚瑟·C.格雷泽(21%和59%)和欧内斯特·戴维斯(19%和48%)。专家杰里·R.霍布斯在两次测评中都对人工智能计算能力评级很高(2016年98%,2021年95%)。另一位专家瓦西里·鲁斯在2021年的测评中几乎对所有计算问题的人工智能评级都很低(2%),这与他2016年的测评(70%)形成了鲜明对比。他解释道,这种下降是因为在2021年评级时假设了更高的通用性(请参见前文)。配对样本t检验显示,在"同一人"的评级中,这种差异并不显著$[t(5)=0.49$;$p=0.65]$。

图5.12根据完成两次测评的6位专家的评级,呈现了2016年和2021年的综合人工智能计算能力度量。与全部专家的评级相比,6位专家的评级表明计算测试中的人工智能潜在表现有所改善。根据6位专家中大多数人的意见,人工智能能够完成二级及以下问题的大约70%,完成三级问题的54%,完成四到五级问题的20%。2021年,相应的表现评级分别为86%、93%和60%。

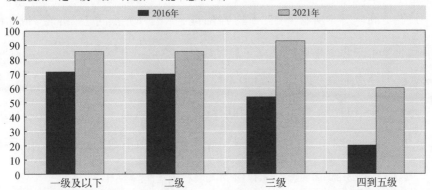

按问题难度划分,根据全体专家过半数的意见,人工智能可以正确回答计算问题的份额百分比;度量使用"是"或"否"评级,"可能"忽略不计

图5.12 参与两次测评的专家眼中的2016年和2021年人工智能计算能力表现

来源:摘自Elliott, S. (2017[1]), *Computers and the Future of Skill Demand*, Educational Research and Innovation, OECD Publishing, Paris, https://doi.org/10.1787/9789264284395-en.

StatLink https://stat.link/ze5w7v

这些结果表明,随着时间的推移,人工智能计算能力的变化难以界定,因为不同专家组对这些能力的评判结果并不稳定。

计算测评中专家意见的一致性和置信度比较

如第四章所示,参与2021年测评的专家在人工智能的计算能力表现上存在分歧。出现了意见完全相左的两大阵营,其中5位专家在几乎所有计算问题上都给予人工智能以否定评级,另外4位专家则主要给出了肯定评级(请参见图5.11)。这妨碍了专家在人工智能定量评估中达成共识。下面的分析比较了两次测评中计算能力评级的一致性和专家的置信度。这可以表明分歧是否为后续测评所特有,或者是计算能力测评的共同特征。

图5.13展示了两次测评中"国际成人能力测评项目"计算问题达成的多数派体量的平均值。在后续测评中,对于所有问题,关于人工智能计算能力的大多数意见,是平均62%的专家给予了正面或负面的评估。这种大多数百分比在不同难度的问题中相似。相比之下,在试点研究中,专家在计算能力方面的一致性更高。对于所有问题,平均74%的专家的评分不同于"可能"或"不知道",他们的意见占据上风。这个百分比在一级及以下最高,为84%,随着问题难度的上升逐渐降至四到五级的64%。

此外,图5.14展示了试点测评和后续测评中不确定评级的普遍性。它显示,在2016年,大约一半的计算问题获得三个或更多不确定的回答。在后续

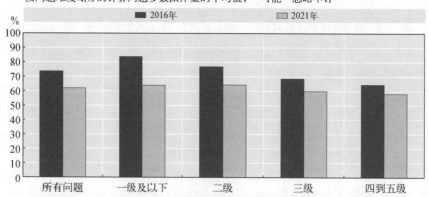

图5.13 2016年和2021年计算问题评级中的多数派平均体量

来源:摘自Elliott, S. (2017[1]), *Computers and the Future of Skill Demand*, Educational Research and Innovation, OECD Publishing, Paris, https://doi.org/10.1787/9789264284395-en.

StatLink https://stat.link/b3cak0

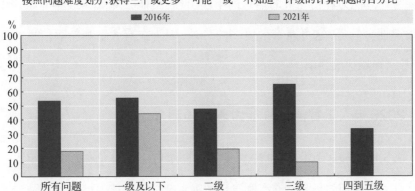

图5.14　2016年和2021年获得三个或更多不确定性评级的计算问题的百分比

来源：摘自Elliott, S. (2017[1]), *Computers and the Future of Skill Demand*, Educational Research and Innovation, OECD Publishing, Paris, https://doi.org/10.1787/9789264284395-en.

StatLink ᓂ sl https://stat.link/uh2kqs

测评中不确定性较低，所有问题中仅有18%获得至少三个"可能"或"不知道"回答。不确定性随问题难度不同而变化。在2016年，不确定性问题的百分比，在前三个难度级别问题中较大，在四到五级难度的问题中较小。在后续测评中，不确定性在最容易的问题中达到顶点，在最难的问题中跌至最低点。

　　总体而言，2016年的计算能力测评具有更高的一致性，类似于同一年度在读写领域测评的结果，但评级的确定性较低。相比之下，后续测评中的专家对人工智能计算能力持有更多相反的观点，但评级的确定性明显增加。如第四章所述，后续研究中的分歧有不同的原因，包括对评级说明的不同解释和对评级系统的不同假设。与2016年相比，这可能导致专家意见一致性的下降。

　　另一种解释是，这可能与和计算能力相关的技术发展有关。2016年，大型语言模型尚未广泛应用于数学推理。与定量推理相关的人工智能能力信息有限，这可能导致试点测评中的不确定性，但也可能促成一致性，因为在信息简洁的问题上专家更容易达成一致。自2016年以来，研究领域已经不断扩展。

更多与计算能力评估相关的信息的不断出现，可能会降低2021年专家评级的不确定性。但是，它可能带来更多的分歧，因为在有大量和新颖信息的问题上，专家很难达成共识。

2026年人工智能计算能力表现预测

图5.15比较了2016年和2021年的计算能力评级与专家对2026年人工智能计算能力表现的预测。这有利于理解人工智能计算能力可能的发展。

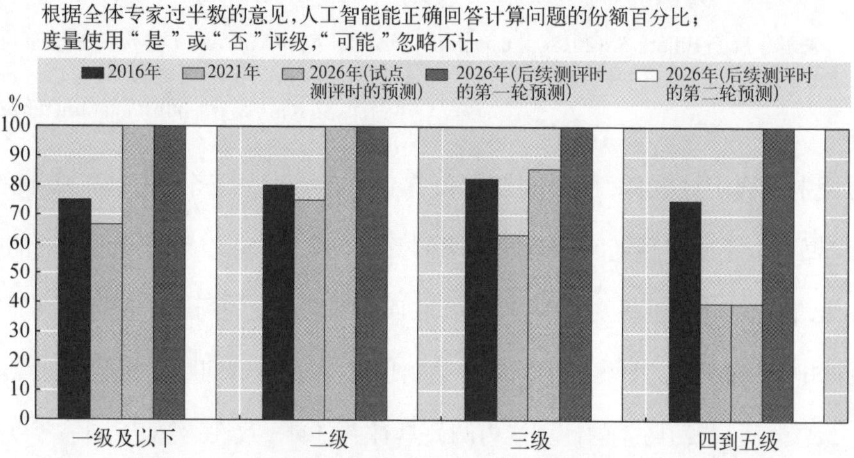

根据全体专家过半数的意见，人工智能能正确回答计算问题的份额百分比；度量使用"是"或"否"评级，"可能"忽略不计

图5.15 基于问题难度的2026年人工智能计算能力表现预测

来源：摘自Elliott, S. (2017[1]), *Computers and the Future of Skill Demand*, Educational Research and Innovation, OECD Publishing, Paris, https://doi.org/10.1787/9789264284395-en.

StatLink https://stat.link/9ibetj

2016年，欧内斯特·戴维斯、肯尼斯·D.福伯斯和亚瑟·C.格雷泽这3位专家对人工智能在2026年计算测试中的潜在表现进行了评级。如图5.11所示，他们对2016年人工智能的计算能力最为质疑。同样，他们对未来十年人工智能的表现也持怀疑态度，在三级的问题上给出了86%的多数评级，在四到五级问题上给出的是40%的评级。后者甚至低于全组对2016年人工智能计算能力的评级。

在后续研究中，所有首次参与第一轮人工智能计算能力评级的11位专家都预测了每个测试问题。他们的多数评级表明，2026年人工智能计算成功率将高达100%。完成第二轮测评的4位数学推理专家对未来人工智能表现只评级过一次。这些评级也表明，到2026年，人工智能在计算方面的成功率将达到100%。

参 考 文 献

- Devlin, J. et al. (2018), "BERT: Pre-training of Deep Bidirectional Transformers for Language Understanding". https://arxiv.org/pdf/1810.04805.pdf(accessed on 19 September 2023).　[4]
- Elliott, S. (2017), *Computers and the Future of Skill Demand*, Educational Research and Innovation, OECD Publishing, Paris, https://doi.org/10.1787/9789264284395-en.　[1]
- Peters, M. et al. (2018), "Deep Contextualized Word Representations". https://arxiv.org/pdf/1802.05365.pdf (accessed on 19 September 2023).　[2]
- Radford, A. et al. (2018), Improving Language Understanding by Generative Pre-training, https://s3-us-west-2.amazonaws.com/openai-assets/research-covers/language-unsupervised/language_understanding_paper.pdf (accessed on 1 February 2023).　[3]

附录5.A　补充图表

附录表 5.A.1　第五章在线图列表 *

图编号	图 标 题
图A5.1	2016年和2021年专家关于人工智能读写能力的平均意见和多数意见比较

---

* 编者注：本附录表中所列四个表格在英文版中为在线表格，纸质版图书中未附上。为便于读者对照阅读，简体中文版予以译出并附于此。

续 表

图编号	图 标 题
图A5.2	2016年和2021年专家关于人工智能读写能力的平均意见和多数意见比较（将"可能"计为50%的"是"）
图A5.3	2016年和2021年专家关于人工智能计算能力的平均意见和多数意见比较
图A5.4	2016年和2021年专家关于人工智能计算能力的平均意见和多数意见比较（将"可能"计为50%的"是"）

StatLink ᘓᔖ https://stat.link/uanq7b

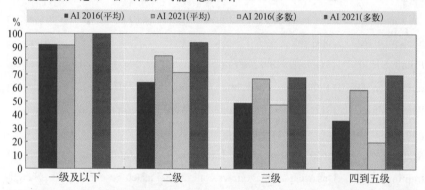

	AI 2016(平均)(%)	AI 2021(平均)(%)	AI 2016(多数)(%)	AI 2021(多数)(%)
一级及以下	92	91	100	100
二级	64	84	71	93
三级	49	67	48	68
四到五级	36	59	20	70

图A5.1　2016年和2021年专家关于人工智能读写能力的平均意见和多数意见比较

注：专家平均意见是通过平均所有专家对问题和难度等级的判断来计算的。多数专家意见是通过分配给每个问题超过一半的专家做出的判断来估计的。随后，根据大多数专家的意见，计算每个难度级别上人工智能可以正确回答的问题的份额百分比。

来源：Elliott, S. (2017[1]), *Computers and the Future of Skill Demand*, Educational Research and Innovation, OECD Publishing, Paris, https://doi.org/10.1787/9789264284395-en.

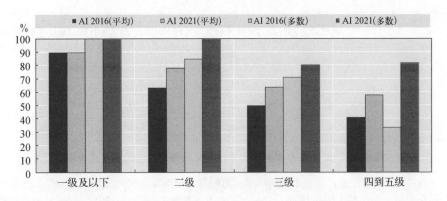

	AI 2016(平均)(%)	AI 2021(平均)(%)	AI 2016(多数)(%)	AI 2021(多数)(%)
一级及以下	90	90	100	100
二级	63	78	85	100
三级	50	63	71	80
四到五级	41	57	33	82

图A5.2　2016年和2021年专家关于人工智能读写能力的平均意见和多数意见比较
（将"可能"计为50%的"是"）

注：专家平均意见是通过平均所有专家对问题和难度等级的判断来计算的。多数专家意见是通过分配给每个问题超过一半的专家做出的判断来估计的。随后，根据大多数专家的意见，计算每个难度级别上人工智能可以正确回答的问题的份额百分比。

来源：Elliott, S. (2017[1]), *Computers and the Future of Skill Demand*, Educational Research and Innovation, OECD Publishing, Paris, https://doi.org/10.1787/9789264284395-en.

度量使用"是"/"否"评级，"可能"忽略不计

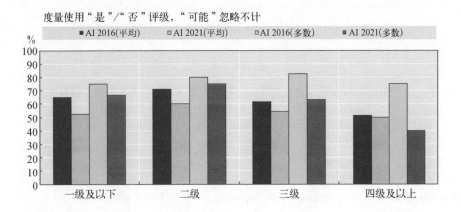

	AI 2016（平均）（%）	AI 2021（平均）（%）	AI 2016（多数）（%）	AI 2021（多数）（%）
一级及以下	65	52	75	67
二级	71	60	80	75
三级	62	54	82	63
四到五级	51	50	75	40

图A5.3　2016年和2021年专家关于人工智能计算能力的平均意见和多数意见比较

注：专家平均意见是通过平均所有专家对问题和难度等级的判断来计算的。多数专家意见是通过分配给每个问题超过一半的专家做出的判断来估计的。随后，根据大多数专家的意见，计算每个难度级别上人工智能可以正确回答的问题的份额百分比。

来源：Elliott, S. (2017[1]), *Computers and the Future of Skill Demand*, Educational Research and Innovation, OECD Publishing, Paris, https://doi.org/10.1787/9789264284395-en.

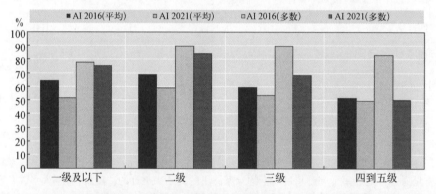

	AI 2016（平均）（%）	AI 2021（平均）（%）	AI 2016（多数）（%）	AI 2021（多数）（%）
一级及以下	65	52	78	75
二级	69	59	89	84
三级	60	54	89	68
四到五级	52	50	83	50

图A5.4　2016年和2021年专家关于人工智能计算能力的平均意见和多数意见比较
（将"可能"计为50%的"是"）

注：专家平均意见是通过平均所有专家对问题和难度等级的判断来计算的。多数专家意见是通过分配给每个问题超过一半的专家做出的判断来估计的。随后，根据大多数专家的意见，计算每个难度级别上人工智能可以正确回答的问题的份额百分比。

来源：Elliott, S. (2017[1]), *Computers and the Future of Skill Demand*, Educational Research and Innovation, OECD Publishing, Paris, https://doi.org/10.1787/9789264284395-en.

注　释

1. 本研究显示，2016年测评的结果与艾略特（Elliott, 2017[1]）的结果不同，因为这两个研究汇总专家评级的方法不同。艾略特（Elliott, 2017[1]）的试点研究采取下述方法计算综合读写和计算能力度量：首先，计算每个问题上专家评级的平均值；然后，将不同问题的平均评级值再次平均。这种度量方法的优点在于反映了所有专家对人工智能能力的意见。相比之下，后续研究根据大多数专家的评级将每个问题分类为人工智能可解决或不可解决，并对标记为可解决的问题的百分比进行估算。这种汇总方法忽略了少数意见。但是，它的度量更容易解释，并且仅依赖于获得大多数认同的问题。

   　　附录5.A中的图A5.1和A5.2提供了额外的分析，这些分析比较了基于2016年汇总规则的两次测评结果。它们表明，将专家评级的平均值作为衡量人工智能在"国际成人能力测评项目"中表现的方法，与遵循多数规则的结果类似。在每个问题难度级别上，使用专家平均评级测评人工智能的读写表现，其2021年的表现优于2016年的表现。在四到五级的问题上，用"平均"方法测量的读写表现改善程度小于用"多数"方法测量的结果。这可能与问题数量较少以及在这个级别上的分歧更大有关，从而导致结果的任意性。

2. 计算能力方面，2016年测评的结果与艾略特（Elliott, 2017[1]）报告的结果不同，因为它们依赖于专家的多数评级而不是平均评级（请参见上述注释1）。附录5.A中的图A5.3和A5.4呈现了2016年和2021年通过对专家和问题进行平均评级的结果，与艾略特（Elliott, 2017[1]）的做法相同。与依赖于专家多数评级的结果类似，依赖于平均评级的结果显示，2016年人工智能计算能力的表现优于2021年。然而，在三级及以上时，用"平均"方法测量的人工智能表现下滑程度比用"多数"方法测量的更小。在这些难度级别的问题上，两项测评中"是"和"否"投票占比相似。当使用多数投票衡量人工智能在这些问题上的成功率时，其成功率通常由一票之差决定，这会导致结果的任意性。相比之下，"平均"方法在所有问题难度上产生了接近50%的度量，因为它平均了相似的0%和100%的百分比，忽略了这些评估反映的是分歧而不是中等的人工智能表现。

第六章

人工智能能力的
持续进步对就业和教育的影响

本章总结了人工智能读写和计算能力的测评结果，并讨论了其对政策的影响。首先，本章考虑了计算机能力发展对人类就业可能产生的影响，为此分析了读写和计算能力在工作中的运用，以及日常使用这些技能的劳动者在这两方面的熟练程度。其次，本章讨论了人工智能发展对教育的影响，特别强调培养人超越人工智能技术能力的必要性。本章还涉及培养劳动者包括数字技能在内的多种技能的重要性，以帮助他们应对由技术运用带来的职业变化。

前述章节描述了人工智能读写和计算能力的测评结果,测评使用OECD开展的"成人技能调查"(源自"国际成人能力测评项目")中的专家评估,分别于2016年和2021年实施。本章概括了测评结果,并讨论了其对政策的影响。通过观察工作中读写能力和计算能力的使用情况,本章探讨了发展计算机能力对就业可能产生的影响。本章还讨论了人工智能的进展对教育的影响,重点关注培养人们超越人工智能技术能力的必要性,强调技能组合多样化的重要性,因为这样的技能组合让人们既能与人工智能竞争,又能与人工智能合作。

测评结果概要

本研究要求11位计算机专家对人工智能解决"国际成人能力测评项目"中读写和计算问题的能力进行评级,另外还邀请了4位人工智能数学推理专家对计算能力进行额外评级。人工智能在测试中的可能表现取决于大多数专家对每个问题的意见。

当前人工智能读写和计算能力的测评

大多数专家认为,人工智能在"国际成人能力测评项目"读写测试中表现出色。人工智能可以解决大部分最简单的问题,这些问题通常涉及在短文中定位信息和识别基本词汇。人工智能也可以回答许多难度更高的问题,解决这些问题需要理解修辞结构,浏览较长篇幅的文本以便作答(请参见第四章)。总体而言,人工智能有望解决80%~83%的读写问题,具体数据取决于如何计算专家的大多数回答(请参见表6.1)。

表6.1　PIAAC中人工智能和成人的读写和计算能力表现概要

人工智能可以正确回答的"国际成人能力测评项目"（PIAAC）问题的比例，基于大多数专家的意见和不同熟练程度的成人成功完成项目的概率

	读　写	计　算
人工智能度量		
"是"/"否"	80%	66%
加权	81%	67%
加权+"可能"	83%	73%
人工智能度量的质量		
一致性	平均多数为78%	平均多数为62%
不确定性	20%回答"可能"/"不知道"	12%回答"可能"/"不知道"
成人表现		
成人平均	50%	57%
成人二级	41%	52%
成人三级	67%	74%
成人四级	86%	90%

来源：OECD (2012[1]; 2015[2]; 2018[3]), *Survey of Adult Skills (PIAAC) Databases*, http://www.oecd.org/skills/piaac/publicdataandanalysis/ (accessed on 23 January 2023).

这一评估是依据专家之间的高度共识。平均而言，对于人工智能是否能够解决"国际成人能力测评项目"中的每个读写问题，小组判断中有78%的专家持赞成意见（请参见表6.1）。然而，因为有些专家对人工智能在"国际成人能力测评项目"测试中的潜在结果并未提供太多有用信息，所以他们的判断被排除在小组反馈之外。对于人工智能是否能够正确解决一个问题，他们的判断是"可能"或"不知道"，这些回答在读写能力测评所有回答中的占比为20%（请参见表6.1）。

第四章的分析比较了人工智能与不同熟练程度的成人的读写表现。"国

际成人能力测评项目"使用同一划分方法测评受访者的熟练程度和问题难度,即熟练程度/难度从低(一级及以下)到高(四到五级)。具有特定熟练程度的受访者有67%的概率正确完成该级别的问题,其完成较低难度级别问题的成功率更高,较高难度级别的成功率更低(请参见第三章)。

根据专家评估,在所有难度级别的读写问题上,人工智能的表现类似于或优于三级成人(请参见第四章中的图4.6)。人工智能在读写能力测试中的整体成功率也可以表明这一点,该成功率估计为80%,介于三级和四级成人之间(请参见表6.1)。这说明在"国际成人能力测评项目"的读写测试中,人工智能的表现可能击败大部分人。在参与"国际成人能力测评项目"的OECD成员国和经济体中,平均有35%的成人熟练程度为三级,54%的人得分低于此等级;仅有10%的成人在读写方面的表现超过三级(OECD,2019,p.44[4])。

完成计算能力测评的15位专家表示,人工智能在计算方面的表现不佳。根据多数专家的意见,人工智能可以回答"国际成人能力测评项目"中大约三分之二的较容易和中等难度的计算问题,以及不超过一半的最高难度的问题(请参见第四章)。这相当于整个计算测试的整体成功率为66%～73%,具体取决于综合度量的种类(请参见表6.1)。

人工智能在计算方面的预估成功率超过二级成人(请参见表6.1)。然而,根据第四章的论述,人工智能尚不能在每个难度级别的计算问题上都超过这些成人。根据多数专家的看法,在一级及以下难度级别,人工智能的得分与表现不佳的成人相似。在二级难度级别,人工智能的预期表现接近二级成人。在三级及以上,专家预计人工智能的表现与三级成人类似。

鉴于专家们在计算领域分歧巨大,应当谨慎解释这些结果。有两组专家持相反观点:5位专家对人工智能在大部分计算问题上的潜在表现评级较低,

5位专家则认为人工智能可以回答大多数问题。因此,微弱多数的专家意见决定了人工智能解决计算问题的能力。平均而言,在所有问题上,62%的专家支持大多数关于人工智能表现的意见(请参见表6.1)。人工智能在单个问题上的成功与否往往仅由一票之差决定,这可能会导致结果的任意性。

专家之间产生分歧的一个重要原因,是他们对所评估的人工智能的通用性的界定模糊不清。一些专家构想的是针对"国际成人能力测评项目"单独问题的狭义人工智能解决方案,其他专家考虑的则是通用人工智能系统,这一人工智能系统可以进行数学推理,同时处理所有类型的计算问题,包括不在测试范围内的类似问题。这一构想的差异影响了专家的评估:后者给出的评级低于前者。然而,小组讨论揭示了这种评级差异背后的共识。两组专家似乎都同意,可以通过开发许多狭义的人工智能解决方案来完成这个测试,而当前技术尚不足以研发出具有一般数学能力的人工智能。

人工智能读写和计算能力的发展趋势

本研究跟踪调查了2016年与"国际成人能力测评项目"一道进行的人工智能能力试点测评(Elliott, 2017[5])。试点研究要求11位计算机科学家根据"国际成人能力测评项目"中的读写、计算和问题解决测试对人工智能能力进行评级。后续研究中使用的测评方法与试点研究中的方法相似。

比较两次测评发现,自2016年以来,人工智能的读写能力显著提高(请参见图6.1)。2016年专家们测评后发现,人工智能在读写测试中的潜在成功率为55%。相比之下,2021年,专家们预计人工智能可以正确解决80%的测试问题。第五章显示,在所有难度级别的问题上,人工智能的预期读写表现均有所提高:在二级上,从71%提高到93%;在三级上,从48%提高到68%;在四到

根据大多数专家的测评，当前和2026年的人工智能可以正确回答的"国际成人能力测评项目"问题的百分比

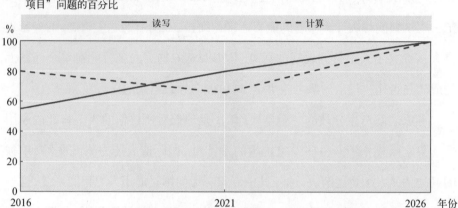

图6.1 基于专家测评的人工智能在PIAAC中的成功率

StatLink 🔲🔳🔲 https://stat.link/brmyfj

五级上，从20%提高到70%，而在一级及以下，则保持在100%。

这些结果反映了自2016年试点测评以来人工智能的技术发展。2018年大型预训练语言模型的引入大幅推动了自然语言处理前沿技术的发展。这些模型仅需在大型语料库数据上训练一次，即可用作基础模型，开发用于特定任务和领域的自然语言处理系统。它们的成功在于使用了大量训练数据，以及应用了先进架构，例如转换器（Transformers）（Russell and Norvig, 2021[6]）。后者使得模型能够捕捉更长段落之间的关系，并在上下文中"学习"单词的含义。

考虑到上述技术进步和自然语言处理领域大量涌现的投入和研究（也请见专栏6.1），专家们认为人工智能的读写能力将继续发展。他们预计，到2026年，人工智能将能够解决"国际成人能力测评项目"中的所有读写问题。

计算能力的测评结果令人难以置信，人工智能的计算能力随时间推移（从2016年到2021年）竟然下降了（请参见图6.1）。一个原因可能与方法论问题有关：该领域内专家之间存在分歧，或不同研究对评级工作理解不同。另一

专栏6.1　ChatGPT：人工智能读写能力的典型例证

2022年11月，即11位核心专家完成在线测评大约一年后，4位数学推理专家重新测评人工智能计算能力三个月后，ChatGPT（聊天生成式预训练转换器）发布了。ChatGPT由著名的人工智能研究实验室OpenAI开发，是一款人工智能聊天机器人。它能回答各种问题，并且能以类似人类的方式进行互动，获得公众极大关注。除了模仿对话外，ChatGPT还可以执行各种任务，例如写诗、作曲和写文章，或编写和调试代码。它首次向更广泛的公众展示了最先进语言模型的能力。

专家们在评估人工智能能力时经常考虑GPT-3模型，而ChatGPT依赖于GPT-3的升级版。GPT-3根据周围文本来预测句子中的标记，以自我监督的方式"学习"语言。相比之下，ChatGPT建立在InstructGPT（指示生成式预训练转换器）模型之上，后者隶属GPT-3.5系列。这些模型经过训练，利用人类的反馈强化学习，遵循指令。具体而言，GPT-3使用包含所需输出行为演示的数据进行微调，这些数据由人类编写。随后，由人类训练师排序备选响应后反馈给该模型。以排序作为奖励信号，训练模型来预测人类更喜欢哪种输出表达。这使得模型能够更好地遵循用户的意图（Ouyang et al.，2022[7]）。

然而，该模型仍然存在重大局限。它可能会生成似是而非的响应（OpenAI，2023[8]），也可能会生成有害或有偏见的内容。尽管它接受过训练，被要求拒绝有害或不恰当的指令，但是它仍然有可能回应这类指令。此外，即使该模型要求提问者阐明问题，但往往也无法回应不完整的查询。

个原因可能是试点测评时人工智能数学能力的研究范围有限,例如,只对"国际成人能力测评项目"中的问题进行测评。信息的匮乏可能导致专家们在2016年高估了人工智能在计算能力测试中的表现。

与专家们的讨论表明,从2016年到2021年,人工智能的计算能力不太可能发生大幅度变化。在此期间,从任务中构建数学模型的研究受到的关注较少,这些任务需要常识,表达则需要借助语言或图像。公司对它的兴趣和投资也有限,主要集中在数学推理的特定领域,例如验证软件。

然而,这种情况近期开始改变了。2021年,人工智能数学推理基准测试程序(Hendrycks et al., 2021[9]; Cobbe et al., 2021[10])发布,这使得研究人员能够训练和测试用于解决各种数学问题的模型。此外,用于处理不同格式信息的多模态模型已经受到更多关注(Lindström and Abraham, 2022[11])。这些模型特别适用于解决"国际成人能力测评项目"中包含的各种计算问题,因为这些问题使用的格式非常多样,包括图像、图表、表格和文本。基于这些趋势,专家们预计,到2026年,人工智能的计算能力将取得显著进展,也许能够解决所有"国际成人能力测评项目"中的计算问题(请参见图6.1)。

总之,专家们估计,2016—2021年,人工智能在读写方面的表现提高了45%,预计到2026年将再提高20%。而在同一时期(2016—2021年),人工智能在"国际成人能力测评项目"计算能力测试中的潜在表现不太可能发生巨变,但专家预计其将在2026年达到上限。相比之下,成人读写能力和计算能力的变化更加缓慢(请参见第二章)。在13~18年的时间里,即20世纪90年代至21世纪10年代,在19个OECD成员国和经济体中,平均而言,成人人口和劳动人口中读写能力的分布变化甚微。7个国家5~9年内计算能力的变化亦是如此。

不断发展的人工智能读写和计算能力对政策的影响

人工智能在关键技能领域的能力快速持续提高,这引发了一系列问题:人工智能是否会替代劳动者的工作? 这将对教育体系产生什么影响? 在探讨这些问题之前,应该讨论此分析在制定明确政策结论方面的一些局限性。

第一,该分析重点关注的是人工智能的技术能力,而不是人工智能在经济中的运用。在自然语言处理和数学推理领域,人工智能技术不断发展,其是否以及如何应用于工作场所取决于许多因素。这些因素包括技术成本、资本投资、监管和社会接受程度(Manyika et al.,2017[12])。

第二,该研究仅测评了人工智能在读写和计算两个技能领域的能力。然而,劳动者在工作中会运用各种各样的技能以执行各式各样的任务。为了确定人工智能对就业的确切影响,需要对人工智能在工作场所中运用的全部技能进行能力测评。

第三,人工智能和人类在"国际成人能力测评项目"中表现的比较并不意味着在相应的熟练程度上,人工智能可以像成人一样,灵活地执行各种日常读写和计算任务。实际上,一些专家批评,应用于人工智能的教育测试不一定能够捕捉到常见的深层能力,这些能力使得执行大量类似任务成为可能(就像应用于人类时一样)。然而,过度拟合测试在所有评估人工智能的测试中普遍存在。该研究尝试向专家提供更多信息,以期降低过度拟合的风险,这些信息有助于专家理解"国际成人能力测评项目"应该测量的基础技能(请参见第三章)。

尽管分析存在一定局限,但仍可以肯定地得出下述结论。这里概述的人工智能能力的快速发展将对就业产生重要影响，特别是对读写和计算能力较差的劳动者的就业。这可能会反作用于教育体系，因为人们越来越寄希望于教育体系，希望其能使人们掌握在数字化经济中工作所需的技能。

对就业的影响

人工智能发展将对就业产生什么样的影响，不仅取决于人工智能的能力与人类技能的对比，还取决于这些技能如何作用于经济。如果人工智能可以复制经济中高需求的技能，那么它将极大地影响就业市场对劳动者的需求。该研究选择"国际成人能力测评项目"来测评人工智能，正是因其测量了关键的信息处理能力，而这些能力是工作中不可或缺的一部分。

图6.2显示，70%的劳动者每天都在工作中运用读写能力。如果这些劳动者的读写熟练程度与计算机相当或低于它，人工智能能力的发展就会对其产生影响。据计算机专家所言，人工智能在读写方面的表现高于"国际成人能力测评项目"中的三级熟练程度。大约有27%的劳动者每天运用三级熟练程度的读写能力，另外32%的人每天执行读写任务，涉及的读写能力低于三级。综合来看，人工智能可能会影响59%的劳动力从事的与读写相关的工作任务。

同样，图6.2显示，50%的劳动者每天都在工作中执行计算任务。根据专家测评，在大多数"国际成人能力测评项目"问题上，人工智能的计算能力超过熟练程度为二级的成人，在某些问题上则接近熟练程度为三级的成人。在38个国家和经济体中，平均有27%的劳动力每天使用的计算能力达到或低于二级熟练程度，44%的人计算能力在三级或以下。如果计算任务是他们日常工作的重要组成部分，那么人工智能可能会对其就业带来冲击。

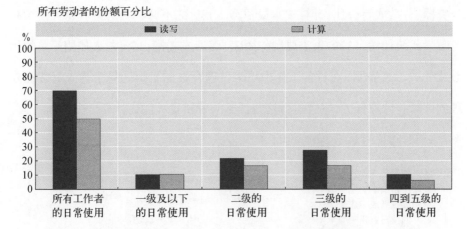

所有劳动者的份额百分比

图6.2　不同熟练程度的劳动者日常工作中运用读写和计算能力的比例

注：读写能力的运用包括阅读书籍、专业期刊或出版物；手册或参考资料；图表、地图或示意图；财务报表、报纸或杂志；操作指南或说明；信函、备忘录或邮件。计算能力的运用包括使用高等数学或统计学；制作图表、图形或表格；使用简单的代数或公式；计算成本或预算；使用或计算分数或百分比；使用计算器。该条形图显示了报告每天在工作中至少执行这些实践之一的所有劳动者的份额百分比。

来源：OECD (2012[1]; 2015[2]; 2018[3]), *Survey of Adult Skills (PIAAC) Databases*, http://www.oecd.org/skills/piaac/publicdataandanalysis/ (accessed on 23 January 2023).

StatLink 📊 https://stat.link/zdks8g

　　人工智能对就业的影响还取决于工作中执行任务的难度。正如该研究所示，在对人类来说更容易的读写和计算任务上，人工智能表现更好，而在对人类来说困难的任务上，它表现更差。因此，人工智能更有可能影响工作较为容易的劳动者，而这与他们的技能熟练程度无关。

　　图6.3显示，在工作中，从事简单任务的劳动者多于从事困难任务的劳动者。在参加"国际成人能力测评项目"的38个国家和经济体中，每天平均有52%的劳动者阅读信函、备忘录或邮件，37%的人阅读操作指南或说明，22%的人阅读报纸或杂志。较小比例的员工每天阅读较长的文本，如专业期刊（8%）或书籍（8%）。同样，相较于复杂计算技能，简单计算技能的运用更为广泛。在所有国家和经济体中，平均有26%至38%的劳动者每天在工作中使用

计算器、分数或百分比，计算成本或预算。相比之下，只有3%的人每天使用高等数学或统计学，8%的人需要制作图表、图形或表格，17%的人使用简单的代数或公式。这表明，在日常工作中更为普遍存在的是那些易于为人工智能处理的读写和计算任务，尽管执行这些任务的劳动者可能比计算机更熟练。

报告每天进行某项实践的劳动者的份额百分比

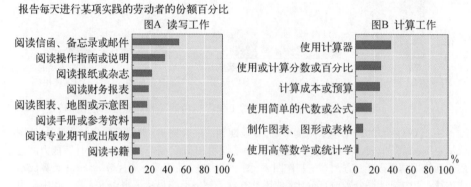

图6.3 劳动者日常工作中读写和计算能力的运用情况

来源：OECD (2012[1]; 2015[2]; 2018[3]), *Survey of Adult Skills (PIAAC) Databases*, http://www.oecd.org/skills/piaac/publicdataandanalysis/ (accessed on 23 January 2023).

StatLink https://stat.link/8epnr0

　　人工智能进一步自动化工作的潜力还取决于工作所需的技能组合。人工智能不太可能同时复制劳动者的多种不同技能，因此需要多种技能的工作更不易受到自动化的影响。面对大量技能要求，如果人工智能的能力仅限于复制其中某些技能，则仍需要劳动者来执行其他技能。相反，如果劳动者只在工作中集中运用一种或少数几种技能，则可能会被具有相应能力的机器完全替代。

　　除了读写和计算能力，"成人技能调查"（源自"国际成人能力测评项目"）还收集了有关工作中各种实践表现的信息（OECD, 2013[13]），包括书写文件、解决复杂问题、工作时使用计算机或遵循指导、教导或培训人员的频率。基于这些信息，图6.4探讨劳动者如何在工作中结合运用读写和计算能力与下述通用技能,这些技能包括写作、数字技能、问题解决能力、在工作中学习的能力、影响力技巧、合作技能、组织能力和身体机能[1]。虽然这些技能并未涵盖工作场所中所有可能运用到的技能,但它们使我们得以一窥劳动者如何在工作中协调运用各种技能。

图6.4显示了所有劳动者技能使用情况的份额百分比,包括并非每天都运用读写或计算能力的劳动者,以及每天单独运用这些能力的劳动者或与其他通用技能搭配使用这些能力的劳动者。结果显示,日常工作中运用读写和计算能力的劳动者,结合运用多样化技能组合的所占比例最大。在参加"国际成人能力测评项目"的所有国家和经济体中,平均有36%的劳动者在日常工作中将读写能力和至少五种其他通用技能搭配使用,29%的劳动者将计算能力和至少五种其他通用技能搭配使用。相比之下,只有不到1%的劳动力每天

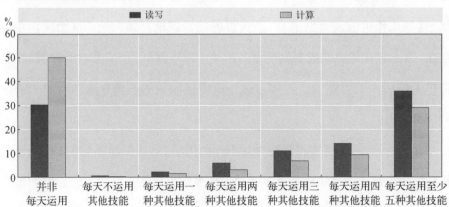

图6.4　劳动者在日常工作中将读写和计算能力与其他技能结合运用的情况

注:每天在工作中将读写和计算能力与以下技能结合运用:写作、数字技能、问题解决能力、在工作中学习的能力、影响力技能、合作技能、组织技能和身体技能。见本章结尾处的注释1。

来源:OECD (2012[1]; 2015[2]; 2018[3]), *Survey of Adult Skills (PIAAC) Databases*, http://www.oecd.org/skills/piaac/publicdataandanalysis/ (accessed on 23 January 2023).

StatLink ᠊ᠨᠯᠯᠤ https://stat.link/2prxu9

只运用读写或计算能力,而不运用其他通用技能。然而,一些劳动者只将读写和计算能力与少数其他几种技能搭配运用——20%的劳动者将读写能力与至多三种其他技能搭配使用,12%的劳动者将计算能力与至多三种其他技能搭配使用。

以上结果表明,人工智能在读写和计算方面的进步可能会对就业造成冲击,因为这两种能力在工作中被广泛运用。上述情况尤其适用于那些在工作中技能熟练程度低于机器、从事着人工智能可胜任的简单工作的劳动者,或只集中运用少数其他技能的劳动者,而这些劳动者占劳动力相当大的一部分。

然而,人工智能可能会以不影响劳动力总需求的方式改变工作的性质。标准的经济学观点认为,由于生产力的提高,人工智能对就业的长期影响可能是积极的。人工智能有望比人类劳动者更快、更准确地完成工作,从而提高企业的生产力。这将给人类劳动者留出更多时间和精力集中处理更重要的工作,这些工作可能需要创造力、经营管理能力或批判性思维。这会反作用于企业,帮助企业用更低成本生产更多产品。成本降低,产品需求预计增加,这将扩大使用人工智能的企业和与这一价值链相关的其他企业的劳动力需求(OECD,2019[14])。

此外,预计人工智能将创造对新工作的需求,这些工作涉及在工作场所选择和使用机器。未来将需要更多劳动者从事数据生产、人工智能应用的开发、人工智能系统的操作和人工智能输出的分析等工作。OECD一项研究分析了加拿大、新加坡、英国和美国2012—2018年的招聘数据,结果显示,对人工智能相关技能的需求正在增加(Squicciarini and Nachtigall,2021[15])。例如,在美国,与人工智能相关的职位空缺总数从2012年的约2万个增加到2018年的近15万个,尤其是与数据挖掘和分类、自然语言处理和深度学习相关的技能在网络招聘广告中出现的频率更高。

而且，人工智能可以创造新的产品服务，催生全新的职业和产业。这项技术被视为一种"发明方法的发明"（Cockburn, Henderson and Stern, 2018[16]），这意味着它将有望以前所未有的速度加速创新进程。因人工智能的广泛适用性，它将成为创新的触发点。在各种行业和职业中，学习算法有很多潜在的新用途。此外，在科学领域，人工智能被越来越多地用于提出假说、搜索和系统化信息或识别高维数据中的隐藏模式（Bianchini, Müller and Pelletier, 2022[17]），这将促进科学发现，创造新奇事物。

不断发展的人工智能将如何重塑工作和对技能的需求，仍然是一个悬而未决的问题。但可以确定的是，劳动者需要培养新技能以满足未来需求，这些新技能使其得以与人工智能竞争和合作。这引发了一个问题，即教育在帮助人们为未来做好准备的过程中扮演什么角色。

对教育的影响

技术变革迫使教育体系为经济提供合适的熟练劳动力。为此，教育尝试提高劳动力技能水平，使其超越计算机技能水平。在读写和计算领域，这意味着要将劳动人口的熟练程度提升至最高等级：四级和五级。拥有此熟练程度的劳动者将能够理解、解释和批判性地评估复杂文本和多种类型的数学信息。培养这种技能不仅仅是为了在阅读和数学任务上超越人工智能，更重要的是，强大的读写和计算技能可以为发展其他更高阶的技能奠定基础，如分析推理技能和学会学习的技能。这些技能也有助于人们获得新知识和专有技术（OECD, 2013[13]）。

第二章显示，在过去几十年中，劳动人口掌握的基础技能并没有发生实质性变化。当然，未来提高劳动者读写和计算能力的努力可能会更加成功。特别是，高度熟练成人占比高的国家提供了优秀的实践范例，其他国家可以通过与高度熟练者的对比，从中吸取重要经验教训，借鉴其有前瞻性的政策，进而增加其技能储备。

图6.5显示了参与"国际成人能力测评项目"的38个国家和经济体中，具有四到五级读写和计算能力的劳动者比例。读写能力排名第一的国家是芬兰，有25%的成人读写能力达到四到五级，其次是日本（24%）和荷兰（21%）。计算能力排名前三的国家是芬兰、瑞典和比利时，有21%～22%的劳动者的计算能力达到四到五级。这表明，即使是迄今为止数据表现最好的国家，也仅仅有不超过四分之一的劳动者拥有超过人工智能的读写和计算能力。在表现中等的国家，这一比例则更小。新加坡有10%的劳动者读写能力达到四到五级，立陶宛劳动者的计算能力这一比例为12%。这些国家读写能力和计算能力高度熟练的劳动者占比还不及数据表现最好国家的一半。

教育提供者的另一个目标可能是激发那些基础技能的组成部分，这些组

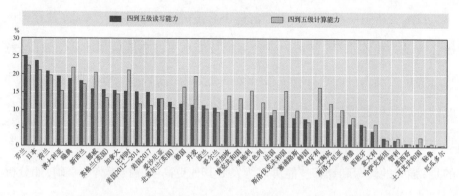

图6.5　各参与国和经济体中具有较高读写和计算能力的劳动者比例

来源：OECD (2012[1]; 2015[2]; 2018[3]), *Survey of Adult Skills (PIAAC) Databases*, http://www.oecd.org/skills/piaac/publicdataandanalysis/ (accessed on 23 January 2023).

StatLink ᴍsʟ https://stat.link/6km89z

成部分对人工智能来说是难以处理的。正如第三章所示,读写和计算是复杂的建构。例如,读写涉及三种认知策略的运用:个体应当能够**获取和识别**文本中的信息,**整合和解释**文本各部分间的关系,如因果关系或问题/解决方案,以及运用自己的知识或想法来**评估和反思**文本中的信息(OECD, 2012[18])。图6.6显示,并非所有次级读写技能对人工智能来说都很容易。根据专家评估,人工智能预计能够解决94%需要获取和识别信息的问题,以及71%涉及整合和解释文本间关系的问题,但在涉及评估和反思的问题上,人工智能的预期表现较低,只能解决44%的问题。

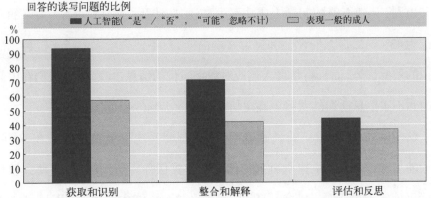

根据大多数专家的评估,与表现一般的成人成功完成试题的概率相比,人工智能能够正确回答的读写问题的比例

图6.6　在需要认知策略的 **PIAAC** 问题上人工智能和普通成人的读写能力表现

来源: OECD (2012[1]; 2015[2]; 2018[3]), *Survey of Adult Skills (PIAAC) Databases*, http://www.oecd.org/skills/piaac/publicdataandanalysis/ (accessed on 23 January 2023).

StatLink https://stat.link/2ckahz

这些发现反映了自然语言处理技术的发展。正如第二章所示,最先进的人工智能在问答任务上表现出色,例如斯坦福问答系统数据集(SQuAD)(Rajpurkar et al., 2016[19]; Rajpurkar, Jia and Liang, 2018[20])和通用语言理解评估(GLUE)基准测试程序(Wang et al., 2018[21]; Wang et al., 2019[22])。这些基准测试通过访问/识别包含正确答案的信息来测试系统回答与文本相关的问题的能力。自然语言推理(Storks, Gao and Chai, 2019[23])方面也取得了进展。这是一项"理解"句子之间关系的任务,接近"国际成人能力测评项目"中的"整合和解释"任务。相比之下,在需要逻辑推理和常识的语言任务上,人工智能仍举步维艰[请参见,例如Yu et al.(2020[24])]。这可以解释为什么在"国际成人能力测评项目"这类问题上专家评级较低,因为这些问题需要对文本进行评估和反思。

然而,评估和反思文本中的信息对人类来说也更具挑战性。"国际成人能力测评项目"中的普通受访者成功完成此类问题的概率为37%,而在需要"获取和识别"认知策略的问题上成功率为57%,在涉及"整合和解释"策略的问题上为43%。加强人们评估和反思文本的能力,不但会给人们带来机器无法比拟的重要优势,而且将帮助人们应对数字时代的信息过载,帮助人们在虚假新闻和不实信息泛滥的背景下确定信息来源的准确性和可信度。

图6.1中,对2026年的预测表明,人工智能系统可能很快就能在"国际成人能力测评项目"中执行全部的读写和计算任务。若预测成真,那么教育目标可能需要进行重大改变。随着人工智能系统能力的增强,即使是高水平的读写和计算能力,可能也不再足以支持人们与人工智能竞争。在这种情况下,成人开始定期与人工智能系统合作,执行读写和计算任务,似乎更加合理可行。比起完全依赖自身,人工智能系统可能会帮助人们更有效地完成任务。因此,教育的重点可能需要转向教授学生如何有效地使用人工智能系统。

教育系统还应该争取提高个人的数字技能。这些技能有助于个人满足日益数字化的工作场所需求,抓住技术进步带来的机会。图6.7显示了判断

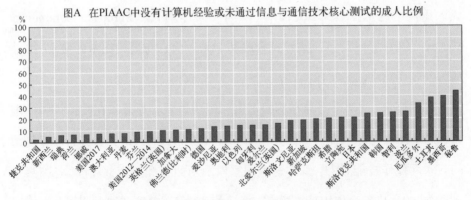

图A　在PIAAC中没有计算机经验或未通过信息与通信技术核心测试的成人比例

图B　2016年能够使用互联网进行多样复杂操作的成人比例

图6.7　各参与国和经济体中成人的数字技能

来源：摘自OECD (2019[4]), *Skills Matter: Additional Results from the Survey of Adult Skills*, Figure 2.15, OECD Publishing, Paris, https://doi.org/10.1787/1f029d8f-en, and OECD (2019[25]), *OECD Skills Outlook 2019: Thriving in a Digital World*, Figure 4.16, OECD Publishing, Paris, https://doi.org/10.1787/df80bc12-en.

StatLink 🔗 https://stat.link/xryga5

人们是否具备数字能力的两个指标（OECD, 2019[25]）。第一个是不够熟悉计算机的成人比例。这些成人或报告此前参与"国际成人能力测评项目"时并没有计算机经验，或是不能执行基本的计算机任务（例如使用鼠标或滚动浏览网页），因而无法参加"国际成人能力测评项目"中基于计算机的测评（OECD, 2019[4]）。第二个指标是能够使用互联网进行多样复杂操作的成人比例。它基于OECD先前对"欧洲共同体调查"（European Community Survey）的数据分析，该调查涉及家庭和个人对信息与通信技术的使用，覆盖的国家较少（OECD，2019[25]）。

该图显示，这两个指标在不同国家和经济体差异显著。在数据可得的国家和经济体中，挪威、荷兰和瑞典三国各有大约80%的人口具备进行多样复杂的互联网操作技能（图B）。在这些国家以及新西兰和捷克共和国，各国只有不到7%的人口不会使用计算机（图A）。相比之下，希腊和波兰两国各有大约40%的人口能够进行许多复杂的线上操作，而分别有约20%和25%的人口不会使用计算机。在秘鲁，不会使用计算机的成人比例超过40%。这些国家必须提升大部分成人的技能，以满足技术变革带来的技能需求。不然，缺乏数字技能将会减缓新技术在其经济中的传播，可能会对竞争力、生产力、创新力产生负面影响，并最终对就业造成损害。

图6.7显示的成人目前的信息与通信技术技能，反映了其在过去40年发生的巨大变化。虽然没有正式数据，但在计算机、互联网和智能手机普及之前，在1980年，所有国家中的大多数成人可能都无法通过"国际成人能力测评项目"的信息与通信技术核心测试。这些人也可能会报告他们没有使用过早期互联网。

如上所述，多样化的工作技能有助于劳动者免受自动化的影响。因此，教育系统的目标应当是培养人们具备全面的技能组合，这将助力人们适应技术带来的潜在职业变化。不同的技能适用于不同的工作环境，人们在不同职业之间的流动性也会缓解。

图6.8显示了在三个关键领域——读写、计算和富技术环境[2]中的问题解决领域——拥有扎实技能的成年劳动力比例。具体来说，该图显示了读写和

计算技能达到三级及以上＊以及问题解决技能达到二级及以上的劳动者比例 [也请参见OECD（2019[25]）]。三个领域技能均极其扎实的在职成人的比例，在荷兰达到最高，为42%。然而，在9个参与国中，技能组合均衡的劳动者占比低于20%。

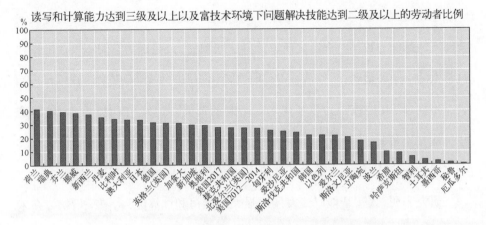

图6.8　各参与国和经济体中技能搭配均衡的劳动者比例

来源：OECD (2012[1]; 2015[2]; 2018[3]), *Survey of Adult Skills (PIAAC) Databases*, http://www.oecd.org/skills/piaac/publicdataandanalysis/ (accessed on 23 January 2023).

StatLink 🔗 https://stat.link/lfn861

　　总之，人工智能在关键认知技能领域的进展可能会给教育带来挑战。许多教育系统必须先提升大部分人口的技能，以帮助其跟上人工智能不断提高的读写能力和计算能力。随着认知领域的人工智能的能力不断提高，教育系统可能需要大幅调整其方法，更多侧重于与高水平读写和计算技能的强大人工智能系统进行合作。此外，人们将会越来越期待教育提高人们包括数字技能在内的多种其他技能，帮助他们发展强大、多样化的技能组合。这些技能可

＊　译者注：此处英文原文为 level 3 or above，但是对应图6.8的标题为 level 3 and above，两者在表意和对应数据上存在一定的差别，应系原文笔误。根据语境，此处应为 level 3 and above，故译文做了相应调整。同一句中的原文 level 2 or above 亦是如此，处理方法同上。

以帮助人们规避人工智能革命的风险,转危险为机遇,并从中获益。

测评人工智能的新方法

本研究提供了一个范例,说明人工智能在人类读写和计算这两项关键认知技能方面的能力提高状况。之所以选择这两项能力,是因为它们不仅在工作和日常生活中至关重要,而且是习得其他技能和知识的基础(OECD,2013[13])。

然而,与其他被视为数字化未来必要的技能(如数字技能)相比,培养这些技能并不容易。在过去几十年中,大多数国家的读写和计算技能并没有发生实质性变化,即使大多数人学会使用计算机或互联网并不需要太长时间。

研究表明,人工智能已经发展出强大的读写和计算能力。专家表示,在未来五年内,这些能力可能会进一步提高。这引发了人们对人工智能的进步可能带来影响的关注,即人工智能将如何改变工作中关键技能的使用方式以及在教育中的教授方式。最后,为了解人工智能将如何影响未来的技能使用和技能需求,对其能力的测评应超过"国际成人能力测评项目"涉及的一般认知技能,这就需要了解各职业所需的全部技能以及人们对这些技能的熟练程度。

这个探索性项目源于OECD测评人工智能更宏大的实践。"人工智能与技能的未来"项目正在开发一种既全面又权威的方法,定期测量人工智能的能力,并将其与人类技能进行比较。能力度量将涵盖对工作和教育至关重要的各种技能领域。

在这种方法中,人工智能在教育考试中的专家评级是一个重要工具。在过去几年中,该项目一直在收集这些专家的判断,并不断扩大判断的收集范围。例如,该项目探讨了使用大规模专家调查来测评人工智能在"国际学生评估项目"科学测试中的潜在表现。项目还从职业培训和教育中收集了专家关于人工智能是否能够完成职业测试的判断。

近期,"人工智能与技能的未来"项目开始使用来自人工智能系统直接测试的信息。这些测试包括基准测试、竞赛和正式评估活动,它们将人工智能技术直接应用于各种任务,结果可能成功,也可能失败。该项目正在开发一种方法,以便测评盘点和选择高质量的直接测试。它也在努力制定一种方法,将这些评估测试的信息综合成简单易懂、与政策相关的人工智能表现指标。

为帮助政策制定者理解人工智能度量的含义,该项目将其与现有的职业任务分类法[例如,ESCO(European Commission, n.d.[26])和美国劳工部的职业网络(O*NET)(National Center for O*NET Development, n.d.[27])]联系起来。这些分类法提供了一种方法,方便系统考虑执行工作任务所需的技能范围,以及如何在职业中组合这些不同的技能。

此外,该项目将人工智能表现度量与劳动者的技能熟练程度信息进行对比。随着人工智能在各种技能领域的快速发展,这种方法可以系统地鉴别这些技能在工作和教育中孰轻孰重。

该项目的首份方法论报告描述了其初步工作(OECD, 2021[28])。本系列的后续报告将描述这一系列人工智能度量的发展以及该项目在度量使用方面的探索。掌握这些信息,政策制定者可以更好地理解人工智能对教育和就业的影响。

参 考 文 献

● Bianchini, S., M. Müller and P. Pelletier (2022), "Artificial Intelligence in Science: An

Emerging General Method of Invention", *Research Policy*, Vol. 51/10, p. 104604, https://doi.org/10.1016/j.respol.2022.104604. [17]

● Cobbe, K. et al. (2021), "Training Verifiers to Solve Math Word Problems". https://www.semanticscholar.org/reader/d6045d2ccc9c09ca1671348de86d07da6bc28eea (accessed on 19 September 2023). [10]

● Cockburn, I., R. Henderson and S. Stern (2018), *The Impact of Artificial Intelligence on Innovation*, National Bureau of Economic Research, Cambridge, MA, https://doi.org/10.3386/w24449. [16]

● Elliott, S. (2017), *Computers and the Future of Skill Demand*, Educational Research and Innovation, OECD Publishing, Paris, https://doi.org/10.1787/9789264284395-en. [5]

● European Commission (n.d.), *The ESCO Classification*, https://esco.ec.europa.eu/en/classification (accessed on 24 February 2023). [26]

● Hendrycks, D. et al. (2021), "Measuring Mathematical Problem Solving with the MATH Dataset". https://arxiv.org/pdf/2103.03874v2.pdf (accessed on 19 September 2023). [9]

● Lindström, A. and S. Abraham (2022), "CLEVR-Math: A Dataset for Compositional Language, Visual and Mathematical Reasoning". https://arxiv.org/pdf/2208.05358.pdf (accessed on 19 September 2023). [11]

● Manyika, J. et al. (2017), A *Future That Works: Automation, Employment, and Productivity*, San Francisco, California, McKinsey Global Institute (MGI). [12]

● National Center for O*NET Development (n.d.), *O*NET 27.2 Database*, https://www.onetcenter.org/database.html (accessed on 24 February 2023). [27]

● OECD (2021), *AI and the Future of Skills, Volume 1: Capabilities and Assessments*, Educational Research and Innovation, OECD Publishing, Paris, https://doi.org/10.1787/5ee71f34-en. [28]

● OECD (2019), *Artificial Intelligence in Society*, OECD Publishing, Paris, https://doi.org/10.1787/eedfee77-en. [14]

● OECD (2019), *OECD Skills Outlook 2019: Thriving in a Digital World*, OECD Publishing, Paris, https://doi.org/10.1787/df80bc12-en. [25]

● OECD (2019), *Skills Matter: Additional Results from the Survey of Adult Skills*, OECD Skills Studies, OECD Publishing, Paris, https://doi.org/10.1787/1f029d8f-en. [4]

● OECD (2018), *Survey of Adult Skills (PIAAC) Database*, http://www.oecd.org/skills/piaac/

publicdataandanalysis/ (accessed on 23 January 2023). 　[3]

- OECD (2015), *Survey of Adult Skills (PIAAC) Database*, http://www.oecd.org/skills/piaac/ publicdataandanalysis/ (accessed on 23 January 2023). 　[2]

- OECD (2013), *OECD Skills Outlook 2013: First Results from the Survey of Adult Skills*, OECD Publishing, Paris, https://doi.org/10.1787/9789264204256-en. 　[13]

- OECD (2012), *Literacy, Numeracy and Problem Solving in Technology-rich Environments: Framework for the OECD Survey of Adult Skills*, OECD Publishing, Paris, https://doi. org/10.1787/9789264128859-en. 　[18]

- OECD (2012), *Survey of Adult Skills (PIAAC) Database*, http://www.oecd.org/skills/piaac/ publicdataandanalysis/ (accessed on 23 January 2023). 　[1]

- OpenAI (2023), *Introducing ChatGPT*, https://openai.com/blog/chatgpt (accessed on 23 February 2023). 　[8]

- Ouyang, L. et al. (2022), "Training Language Models To Follow Instructions with Human Feedback". https://arxiv.org/abs/2203.02155 (accessed on 19 September 2023). 　[7]

- Rajpurkar, P., R. Jia and P. Liang (2018), "Know What You Don't Know: Unanswerable Questions for SQuAD". https://aclanthology.org/P18-2124.pdf (accessed on 19 September 2023). 　[20]

- Rajpurkar, P. et al. (2016), "SQuAD: 100,000+ Questions for Machine Comprehension of Text". https://www.researchgate.net/publication/304018244_SQuAD_100000_Questions_ for_Machine_Comprehension_of_Text (accessed on 19 September 2023). 　[19]

- Russell, S. and P. Norvig (2021), *Artificial Intelligence: A Modern Approach*, Pearson. 　[6]

- Squicciarini, M. and H. Nachtigall (2021), "Demand for AI Skills in Jobs: Evidence from Online Job Postings", *OECD Science, Technology and Industry Working Papers*, No. 2021/03, OECD Publishing, Paris, https://doi.org/10.1787/3ed32d94-en. 　[15]

- Storks, S., Q. Gao and J. Chai (2019), "Recent Advances in Natural Language Inference: A Survey of Benchmarks, Resources, and Approaches". https://www.researchgate.net/ publication/332169673_Recent_Advances_in_Natural_Language_Inference_A_Survey_ of_Benchmarks_Resources_and_Approaches" (accessed on 19 September 2023). 　[23]

- Wang, A. et al. (2019), "SuperGLUE: A Stickier Benchmark for General-purpose Language Understanding Systems". https://arxiv.org/pdf/1905.00537.pdf (accessed on 19 September 2023). 　[22]

● Wang, A. et al. (2018), "GLUE: A Multi-task Benchmark and Analysis Platform for Natural Language Understanding". https://arxiv.org/pdf/1804.07461.pdf (accessed on 19 September 2023). [21]

● Yu, W. et al. (2020), "ReClor: A Reading Comprehension Dataset Requiring Logical Reasoning". https://arxiv.org/pdf/2002.04326v2.pdf (accessed on 19 September 2023). [24]

注　释

1. 每种技能的运用情况是通过"国际成人能力测评项目"中的一些变量来测评的：写作——书写信函、备忘录或邮件的频率；撰写文章、报告或填写表格的频率；数字技能——使用互联网发送电子邮件的频率；查找与工作相关的信息的频率；进行交易的频率；使用电子表格的频率；使用微软文字处理软件（Microsoft Word）的频率；使用编程语言或在线实时讨论的频率；问题解决能力——在工作中解决复杂问题的频率；在工作中学习的能力，即向同事/上级学习的频率；通过实践学习的频率；与时俱进的频率；影响力技能——教学频率；进行展示的频率；销售的频率；向人们提供建议的频率；对人们造成影响的频率；与人谈判的频率；合作技能——与同事合作的时间超过一半；组织技能——规划他人的活动；身体技能——长时间从事体力劳动。如果受访者报告称每天至少参与一项用于测量该技能的活动，则该技能为日常使用技能。

2. 请参见第一章中的注释1。

译 后 记

2022年11月30日，美国人工智能实验室OpenAI发布了ChatGPT（聊天生成式预训练转换器）。这一自然语言处理领域的最新研究成果迅速点燃了社会对人工智能的热情，掀起了社会各界对人工智能赋能和挑战讨论的狂潮。

为了回应各界对人工智能的关切，长期致力于技术进步对教育影响研究的经济合作与发展组织（OECD）在"国际成人能力测评项目"（PIAAC）等大规模实证研究的基础上，借助众多人工智能专家的评估，对最前沿人工智能技术在人类阅读和数学这两大核心技能领域的表现进行了研究，并发布其研究成果《教育会输给技术吗？人工智能在阅读和数学中的进展》（*Is Education Losing the Race with Technology? AI's Progress in Maths and Reading*）。尽管研究存在一些局限，但是瑕不掩瑜，该报告中的一些数据和结论对我们具有重要的指导意义：2021年人工智能的阅读能力超过90%的成人，计算能力超过57%～88%的成人。他们预测，到2026年，人工智能系统将可能解决"国际成人能力测评项目"中的所有读写和计算问题。综合来看，人工智能可能会影响59%的劳动力所从事的与读写相关的工作任务。因此，OECD主张，新时代教育的重点不应放在计算机素养的培养上，而应转向人机合作，转向信息时代所需的认知技能的教授上,要重点关注人工智能目前无法突破的"感知和操作任务""创造性智能任务"和"社交智能任务"等"瓶颈"任务。如何结合上述研究,思考应对之道,将上述成果落地到具体工作中,是时代交给我们(尤其是教育界)的一项重要使命。

很荣幸,笔者有机会翻译OECD在智能教育领域的这一最新力作。窃以为,本书属于信息型文本,因此在翻译过程中,笔者以再现源文本信息为第一要务,以忠实原则和可读性原则为指导,翻译和处理书中的术语和文字表达。以书中高频出现的计算机模型、测试项目、机构、术语为例,翻译时秉持方便读者阅读和理解的指导思想,采取"应翻尽翻"的策略,术语首次出现时尽量意译出其中蕴含的信息,并括注其英文全称和简称,在后文统一使用其中文译名,方便读者理解和回溯相关信息。而对"GPT"和"ChatGPT"等少数术语,中文读者可能更熟悉其英文表达,处理方式略有差异,即在其首次出现时或需要特别说明处括注中文,在其他地方则统一保留英文写法。又如,本书属于权威机构发布的研究报告,因此原文措辞较为正式。同时,因为频繁使用插入语、非谓语、从句等结构,整体句子较长。对此,笔者在尽量准确传递原文蕴含的信息的前提下,较为灵活地借助调整语序、添加代词、重复或同义替换动词等方法,将汉语较长的译文切分为短语,方便读者理解其中含义。

本译著能顺利出版,首先要感谢华东师范大学窦卫霖教授,感谢窦教授百忙之中耐心指导本书中术语的翻译并参与译著的统稿工作,同时感谢袁振国教授拨冗为本书撰写序言,并为书名翻译提供咨询和指导;其次,感谢廖承琳编辑和谢冬华副编审认真细致的审稿和加工;最后,感谢王雨檬、许思嘉和邵心选,感谢她们积极参与本书译文的修改、相关资料的查阅以及术语和格式的统一,鼎力协助本书的翻译和修改工作。

为了尽早将OECD在人工智能方面的最新研究成果付梓出版,以飨读者,本书翻译周期较短。同时,原著中涉及大量计算机、教育学、统计学、人工智能等方面的知识和术语,尽管翻译团队全力以赴,认真查阅各种相关资料,积极请教相关领域专家,书中可能还是存在不足之处,恳请各位专家和读者批评指正!

华东理工大学外国语学院

杜海紫

2023年7月20日

图书在版编目（CIP）数据

教育会输给技术吗？：人工智能在阅读和数学中的
进展 / 经济合作与发展组织编；杜海紫译.——上海：上
海教育出版社，2023.9
（OECD教育研究与创新系列）
ISBN 978-7-5720-2179-4

Ⅰ.①教… Ⅱ.①经…②杜… Ⅲ.①人工智能－应用
－阅读课－计算机辅助教学－教学研究②人工智能－应
用－数学课－计算机辅助教学－教学研究 Ⅳ.①G434

中国国家版本馆CIP数据核字(2023)第168273号

策　　划　廖承琳
责任编辑　廖承琳　谢冬华
封面设计　郑　艺

OECD教育研究与创新系列
教育会输给技术吗?
人工智能在阅读和数学中的进展
经济合作与发展组织　编
杜海紫　译　窦卫霖　审校

出版发行　上海教育出版社有限公司
官　　网　www.seph.com.cn
地　　址　上海市闵行区号景路159弄C座
邮　　编　201101
印　　刷　上海商务联西印刷有限公司
开　　本　700×1000　1/16　印张 11.75
字　　数　150 千字
版　　次　2023年10月第1版
印　　次　2023年10月第1次印刷
书　　号　ISBN 978-7-5720-2179-4/G·1944
定　　价　69.80 元

如发现质量问题，读者可向本社调换　电话：021-64373213